ANTARCTICA

Glänzend weiß, strahlend blau, rabenschwarz:
so leuchtet das Land im Sonnenlicht, märchenhaft schön.
Spitze an Spitze, Gipfel an Gipfel, zerklüftet,
so wie kein anderes Land der Erde –
so liegt es da, unbeachtet und unberührt!

Roald Amundsen

HELFRIED WEYER

ANTARCTICA

VORWORT: ARVED FUCHS

TECKLENBORG VERLAG

IMPRESSUM

Umwelthinweis:
Der Inhalt dieses Buches wurde auf Papier
mit chlorfrei gebleichtem Zellstoff gedruckt.
Das Einbandmaterial ist recyclebar.

Die deutsche Bibliothek – CIP Einheitsaufnahme
Antarctica
Spurensuche auf dem weißen Kontinent
Helfried Weyer – Steinfurt: Tecklenborg Verlag, 1998
ISBN 3-924044-37-6
NE: Weyer, Helfried

1. Auflage April 1998

Siemensstraße 4
D-48565 Steinfurt

Layout und Karten: Norbert Wessels, Steinfurt
Lithoherstellung: Druckhaus Tecklenborg
Die historischen Aufnahmen wurden aus verschiedenen
Erstausgaben reproduziert.
Alle weiteren Aufnahmen entstammen aus dem Archiv Helfried Weyer.

Printed in Germany by
Druckhaus Tecklenborg, Steinfurt

Verlag und Autor garantieren, daß es sich
bei den Fotografien in diesem Werk um
Originalaufnahmen handelt, die nicht digital
verändert wurden.

ISBN 3-924044-37-6

INHALT

VORWORT

Jahrzehntelang war die Antarktis den groß angelegten staatlichen Expeditionen vorbehalten, die dort neben wissenschaftlicher Forschungsarbeit häufig auch nur nationale Präsenz demonstrierten. Die Antarktis war zum Politikum geworden. Bodenschätze, wirtschaftliche Interessen und daraus resultierende territoriale Ansprüche bestimmten zunehmend die Diskussionen. Hat man die Müllhalden gesehen, die es noch vor wenigen Jahren beispielsweise auf der amerikanischen McMurdo Station gab, kamen einem gelinde gesagt Bedenken, ob hier der wissenschaftliche Auftrag nicht mißverstanden wurde. Fest steht, daß nicht alles, was nach außen hin als notwendige und umweltverträgliche Wissenschaft verkauft wurde, diesem Ideal entsprach. Um nicht mißverstanden zu werden – die Notwendigkeit der wissenschaftlichen Erforschung dieses Kontinentes stellt keiner ernsthaft in Frage. Aber manchmal dient die Wissenschaft auch nur als Feigenblatt, um andere Interessen und Ansprüche zu kaschieren. Als Greenpeace in den achtziger Jahren sich dieses Themas verstärkt annahm und ihre Antarktis Station errichtete, hatte man einen unbequemen und ungeliebten Nachbarn erhalten. Mißstände wurden angeprangert, über die Medien der Öffentlichkeit zugänglich gemacht und die Antarktis aus dem staatlicherseits verschriebenen Dornröschenschlaf geweckt. Die Antarktis, über die die meisten Menschen deutlich weniger wußten als über den Mond, rückte in das öffentliche Interesse. Plötzlich wurden Fragen gestellt, es tauchten Fotos von Pinguinen auf, die mit Bulldozern beiseite geschoben wurden, weil eine Landepiste gebaut werden sollte. Die Öffentlichkeit begann sich Gedanken über die Zukunft dieses noch weitgehend unberührten Kontinents zu machen. Auch der Wunsch, diesen zu besuchen, entstand. Da das Motto gilt: „Man liebt und erhält nur das, was man kennt", halte ich es für wichtig, daß interessierten Menschen der Zugang zu diesem selbst für heutige Maßstäbe entlegenen Kontinent ermöglicht wird. Aber die Fehler der Vergangenheit dürfen nicht wiederholt werden. Die Ursprünglichkeit der Antarktis muß erhalten bleiben und darf nicht als touristisches Konsumgut verbraucht werden. Sie mit dafür geeigneten Schiffen aufzusuchen, scheint mir die vernünftigste Art und Weise, um den Kontinent kennenzulernen. Schiffe, die über eine hohe Eisklasse verfügen sowie ein Umweltverträglichkeitsgutachten besitzen, ermöglichen einen behutsamen Zugang zu dieser einzigartigen Naturlandschaft – vorausgesetzt, daß entsprechend geschultes und verantwortungsbewußtes Personal darauf achtet, daß keine unnötigen Risiken eingegangen und bei Landbesuchen die Flora und Fauna geschont werden. Helfried Weyer versteht es wie kein zweiter, in Bildern die Ästhetik, die Faszination, aber auch die Verletzbarkeit dieser Landschaft wiederzugeben. Mit seinen Bildern hilft er, eine Lobby für die unberührte Natur zu schaffen und weckt dabei Verantwortungsbewußtsein. Er verkauft die Landschaften nicht, er vermittelt sie sehr behutsam, legt sie dem Leser und Betrachter gleichsam ans Herz. Die Antarktis durch die Kamera Helfried Weyers betrachtet zeigt Nuancen, intensiviert das Empfinden und weckt damit Verständnis und Leidenschaft für die Landschaft. Wie er selbst sagt, dokumentiert er nicht, er gestaltet seine Fotos. Will sagen, er packt mehr hinein als das bloße Ablichten von Motiven. Ein Künstler mit der Kamera ist Helfried Weyer, dessen neuem Buch man deutlich anmerkt, daß ihm die Antarktis am Herzen liegt. Neben der nüchternen Wissenschaft und den Umweltschützern brauchen wir Menschen wie ihn, die begeistern können und zum Träumen verleiten: Die die Geschichte der Erforschung des Kontinentes genauso wachhalten wie die Mahnung, am Status Quo nichts zu ändern. Das internationale Vertragswerk hat der Antarktis für weitere 50 Jahre Ruhe und Schutz vor wirtschaftlicher Ausbeutung zugesichert. Bleibt zu hoffen, daß wir Menschen die Zeichen der Zeit erkennen und die einzigartige Chance, diesen noch unberührten Kontinent zu erhalten, auch über diesen Zeitraum hinaus nutzen werden. Helfried Weyer hat sich vor allem eines bewahrt: Demut. Deshalb begrüße und empfehle ich dieses Buch, von dem ich hoffe, daß der Funke auf den Betrachter überspringen möge.

Arved Fuchs 

EINLEITUNG

Lassen Sie die Seele baumeln.

Beim Studium der antarktischen Entdeckungsgeschichte stoßen wir auf unglaubliche Begebenheiten, die von den Akteuren Mut, Ausdauer, allerbeste Kondition und die Fähigkeit zu leiden erforderten. Oft ist da die Rede von dem „schrecklichen Ort Antarctica". Trotzdem sind Männer wie Amundsen, Scott, Shackleton oder Byrd wieder und immer wieder an diesen „schrecklichen Ort" zurückgekehrt.

Warum?

Ich glaube, und damit stimmen wir Touristen mit den oben genannten Pionieren sicher überein, die Sehnsucht nach „Antarctica" hat mit dem Zauber unberührter Wildnis zu tun. Je mehr unser Planet verkabelt wird, mit Straßen, Brücken und Schienen verbaut, mit Städten übersät – desto stärker wird die Sehnsucht des Menschen nach einem Platz auf der Erde, der noch an den Urzustand, an die Weltschöpfung erinnert.

Für einen Fotografen gibt es noch weitere Gründe, die Antarktis zu lieben: Die Landschaft aus Wasser und Eis, aus Bergen und Himmel ist dort so rein und klar. Alle Formen und Linien, alle Farben und Stimmungen sind dort einfach, logisch, elementar. Blau und Weiß dominieren in unglaublicher Reinheit.

Als Fotograf kann man sich in der Antarktis gar nicht satt sehen; oft saß ich unruhig beim Essen, immer fürchtend, draußen könne ich etwas versäumen. Gleiches gilt für den Schlaf in den kurzen Nächten, in denen die Sonne ja nicht untergeht. Ich erinnere mich an eine Nacht im Eiskanal vor McMurdo. Um zwei Uhr nachts wurde ich wach, draußen glühten die Packeisfelder rot und violett, so daß ich rasch an Deck sauste. Ähnlich erging es mir im Neumayer Kanal. Der erste Offizier Thilo Natke (heute Kapitän auf der „Bremen") rief mich mitten in der Nacht von der Brücke aus an, und Minuten später lagen die Berge und Gletscher wie flüssiges Gold auf dem spiegelglatten Wasser vor mir.

Die Tiere der Antarktis kennen keine Scheu vor dem Menschen, und oft hatte ich den Eindruck, sie wollen mit uns Zwiesprache halten. Ich muß diesen Tieren nicht mit langen Teleobjektiven nachstellen, sie kommen zum Fotografen, neugierig, vertrauensvoll.

Das alles macht die Antarktis zu einem Paradies – und diese paradiesische Schönheit möchte ich in großflächigen Bildern zeigen.

Aber nicht nur die unberührte Schönheit der Natur, sondern auch die historischen Hütten in der Antarktis habe ich im Text sowie in meinen Bildern ganz besonders betont, weil sie als Zeugen der dramatischen Entdeckungsgeschichte wichtig sind und weil es nur wenig wirklich gute Bilder von diesen Hütten in der Antarktisliteratur gibt. Wir kennen die alten Fotos von Scotts letzter Geburtstagsfeier. Aber nur wenige Antarktisreisende wissen, daß diese Hütte am Cape Evans noch immer genauso dasteht, ebenso wie Shackletons Hütte am Cape Royds.

Ich möchte mit meiner fotografischen Arbeit nicht dokumentieren, sondern Bilder gestalten. Die Fotografie bietet eine großartige ästhetische Ausdrucksweise des ganz persönlichen Sehens durch Auge und Kamera, sie wird durch solches Bemühen zur Kunst.

Meinen Text sehe ich nur als Ergänzung zu den großflächigen Antarktisbildern, denn die alten Geschichten der Pioniere sind nicht nur wahr wie die Schönheiten in den Bildern, sondern auch von dramatischer Spannung.

Lassen Sie die Seele baumeln beim Betrachten dieser Bilder und lesen Sie, was Nordenskjöld, Shackleton und Byrd in der Antarktis erlebt haben – unglaublich.

Und wenn Ihnen das Buch gefällt, dann denken Sie daran, daß nach der Vorarbeit der Entdeckungspioniere erst die Technik unserer Zivilisation den Weißen Kontinent Antarctica für jeden Menschen erlebbar gemacht hat.

Helfried Weyer

Bremen

Das Kreuzfahrtschiff „Bremen" in der Paradies-Bucht.

Die nördliche Einfahrt zum Lemaire-Kanal.

Der Adeliepinguin versorgt sich in einem Eisberg mit Süßwasser.

Die Paulet-Insel beherbergt eine der größten Adeliepinguin Kolonien auf der Halbinsel. James Clark Ross entdeckte die Insel während seiner Expedition 1839 -1843 und benannte sie nach dem Kapitän der Royal Navy Lord George Paulet.

Eisberge und Eistore, oft hochhausgroß, sind doch „nur winzige“ Eissplitter, abgebrochen von den Gletscherzungen der gigantischen Eisströme, die vom antarktischen Hochplateau zu den Küsten kriechen. Nur ein bis zwei Zehntel (je nach Eisdichte) des Eisberges sind über Wasser sichtbar.

Der Seeleopard (erkennbar an den dunklen Flecken auf dem grauen Fell und an seinem ausgeprägt großen Maul) gehört zu den permanenten Feinden der Pinguine.

Mitternachtssonne (2 Uhr) im Neumayer-Kanal, den Adrien de Gerlache nach dem damaligen Direktor der deutschen Seewarte in Hamburg Georg Neumayer benannt hat.

Bremen

Bereits früh vermuteten Menschen, daß es auf der Südhalbkugel der Erde einen unbekannten Kontinent gab. Indem sie zu den Sternen aufblickten, bestimmten sie mit einer Mischung aus Logik und Intuition die Lage Antarcticas.

Christine Reinke-Kunze

MEINE ERSTE BEGEGNUNG MIT DEM WEISSEN KONTINENT

Im Herbst 1987 standen wir zum ersten Mal am Beagle-Kanal und schauten sehnsuchtsvoll nach Süden auf die wilden Berge von Feuerland. Wir waren in Ushuaia, der südlichsten Stadt, aber noch nicht am südlichsten Ende der Welt. Da kam mir plötzlich der Gedanke, daß die Argentinier sich eigentlich freuen müßten, wenn in einem Vortrag über ihr Land auch die Antarktis einbezogen würde. Diese Idee ließ mich nicht mehr los, und schon bei nächster Gelegenheit schnitt ich dieses Thema bei Jorge Victor de Elia, dem damaligen Leiter des Fremdenverkehrsamtes, in Buenos Aires an.

Ein Flug zur Antarktis, meinte Jorge V. de Elia, könnte eventuell mit einer Militärmaschine arrangiert werden, denn die argentinische Luftwaffe flöge – zwar in unregelmäßigen Abständen – mit Herkules-Transportern zum Stützpunkt Marambio.

Noch vor Weihnachten kam ein Fax von Jorge, daß Anfang Februar 1988 ein solcher Flug stattfindet und wir mitfliegen dürften.

Am Morgen vor dem Abflug fuhren wir zur „antarktischen Kleiderkammer“ der Luftwaffe, bekamen dort Fellstiefel und Daunenanzüge, Handschuhe und Sturmkappen, dazu Schlafsäcke und ein Päckchen Notproviant. Aber erst bei Sonnenuntergang startete das Flugzeug. Mit uns flogen eine Handvoll Wissenschaftler und Soldaten. Wir nahmen im Frachtraum neben Paletten, Säcken und Kisten Platz. Fenster gab es in der riesigen Transportmaschine leider nicht. Unterhalten konnten wir uns auch nicht. Draußen brüllten die vier Propellermotoren, und drinnen stieß ein mächtiges Gebläse sehr geräuschvoll heiße Luft in den Bauch der Maschine, so daß wir bald anfingen, ein Kleidungsstück nach dem anderen abzustreifen. Aber wenn die Warmluftzufuhr verstummte, wurde es lausig kalt, und wir zogen uns wieder an.

Nach knappen vier Stunden setzte die Hercules zur Landung an. Rio Gallegos! Wie eine unsichtbare Faust traf uns der Wind Patagoniens draußen auf dem Flugfeld. Gegen den Sturm erreichten wir mühsam und in gebücktem Gang eine hundert Meter entfernt stehende Wellblechbaracke, in der wir bald um einen heißen Ofen saßen.

Das Flugzeug war zwar aufgetankt, aber der Sturm wurde von Minute zu Minute heftiger. Böen, wie ich sie in solcher Stärke nie vorher erlebt habe, rüttelten am Dach unserer „Wartehalle“ und ließen die Außenlampe vor der Tür erzittern. „Bei dem Wind ist ein Start unmöglich“, sagte uns der Kapitän. „Vielleicht in einer Stunde.“

Dann flog die Tür auf, und wir gingen hinaus in Nacht und Sturm, zum Flugzeug. Hatte der Wind wirklich nachgelassen? Uns kam er immer noch höllisch vor. Das Spiel mit der warmen Luft wiederholte sich. Ankleiden, Auskleiden, Einnicken und wieder Ankleiden, weil uns die Kälte im Frachtraum geweckt hatte. Jede Unterhaltung war unmöglich. Mitten in der Nacht schrie ein Soldat der Crew mir etwas zu. „Come up, bring your camera with you.“ Ich stieg eine schmale Leiter zum Cockpit hoch und zwängte mich durch die Luke.

Was für ein Ausblick, mir stockte im ersten Moment der Atem. Herkules-Maschinen sind für die militärische Bodenbeobachtung konzipiert und haben großzügige Fenster, auch nach unten hin. Die Sicht aus dem Cockpit ist gegenüber Zivilflugzeugen unvergleichlich umfassender. Der Blick kann fast uneingeschränkt umherschweifen, von rechts nach links, nach vorn oder unten. Weiße Inseln liegen im noch schwarzen Wasser, denn die Sonne ist noch nicht aufgegangen; Eisberge und Schollen treiben umher, so groß wie Fußballfelder. Eine chaotische Szene liegt vor uns, aber die Luft ist so ungewöhnlich rein und die Welt aus Wasser und Eis so unberührt, daß sie jeden Menschen begeistern muß. Noch kann ich die einzelnen Inseln nicht einordnen, es müssen die Südshetlands sein. Viel mehr faszinieren mich in diesem Augenblick die riesigen Packeisfelder zwischen den Inseln, die Tafeleisberge, die so groß sind, daß ein Flugzeug auf ihnen landen könnte.

Der Kapitän sieht meine Begeisterung und fragt, ob er tiefer gehen soll. Er soll! Und dann taucht an Steuerbord weißes Land auf: Berge, Gletscher, endlose Ebenen. An den Küsten unvorstellbar große Trümmerfelder aus Eis. Wie soll da ein Schiff durchfinden? Wir überfliegen die nördlichste Spitze von „Antarctica“ fast im Tiefflug und setzen zur Landung in Marambio an. Die Lichter im Frachtraum verlöschen, und schon berühren die Räder des Flugzeuges antarktischen Boden. Als die Tür aufgeht, werden wir vom Licht geblendet. Das Licht in der Antarktis ist heller, intensiver und klarer als anderswo und schenkt uns das Gefühl rastloser Wachheit. Obwohl wir eigentlich total übermüdet hätten ankommen müssen, waren wir beide hellwach und nahmen die neuen großartigen Eindrücke in uns auf. Das Meer zu beiden Seiten der Rollbahn war voll von Tafeleisbergen, die mir wie eine gewaltige makellos saubere Kulisse vorkamen, die im Osten in blutigem Rot versank. Die Sonne erhob sich über den Horizont und ließ die riesigen Eiswürfel an den Kanten im Gegenlicht funkeln und leuchten. Und dieser grandiose Sonnenaufgang zwischen einem unendlich weiten Himmel und dem dunklen, vom Wind gepeitschten Wasser wollte gar kein Ende nehmen. Die Sonne schien am Horizont zu kleben und bewegte sich viel langsamer, als in unseren Breiten, nach oben. Wie in einer unendlichen Zeitlupe.

Aus diesem faszinierenden Eindruck rissen uns Motorengeräusche und spanische Kommandos. Ein kleiner Fiatbus war gekommen. Wir fuhren über das Rollfeld zu einer Ansammlung von orangerot gestrichenen Häusern, die von einem Gewirr hoher Masten und Antennen überragt werden. Wir wurden zum Basecomander geführt.

„Willkommen in Vicecomodore Marambio auf der Insel Seymour (die argentinischen Stationen sind in vielen Fällen nach verdienten Militärs des Landes benannt). Ich bin über Ihren Besuch informiert.“

Der Comander erklärte uns, es stünde kein Helikopter für einen Flug zur Nordenskjöld-Hütte auf Snow Hill zur Verfügung, weil sie alle bei den Versorgungsschiffen gebraucht würden. Dann fiel ihm ein, daß für die Flugausbildung eine Propellermaschine frei sei, mit der wir mitfliegen könnten; wir dürften auch die Route bestimmen.

Unser erster Eindruck von der Antarktis ist überwältigend. Da ist nicht nur die frische Luft zum Durchatmen vor einer gewaltigen Kulisse, da ist ebenso die Begegnung mit völlig unkomplizierten Menschen, gleich ob sie zu den forschenden Wissenschaftlern oder zur Logistik des argentinischen Militärs gehören. Wir können uns mit Kamera und Stativ völlig frei in der Basis bewegen und erfahren, daß Argentinien in der Antarktis sechs ständig besetzte Stationen mit etwa 100 Wissenschaftlern, Militärs und Zivilpersonen unterhält. Marambio gehört zu den wenigen Stationen der Halbinsel mit einem Flugplatz.

Vor der Küste liegt ein Frachter, dessen Ladung von ständig pendelnden Helikoptern gelöscht wird. Versorgungsgüter werden vom Schiff zur Station gebracht, Leergut und Müll von der Station auf das Schiff.

Hier komme ich zum ersten Mal mit der abenteuerlichen Geschichte von Nordenskjöld in direkte Berührung; denn wir sind auf Seymour-Island unmittelbar am Ort der damaligen Ereignisse, und am Nachmittag dieses sonnigen und fast warmen Tages steigen wir mit der Flugschule von Marambio in den blauen, wolkenlosen Himmel über der Halbinsel, leider nicht im Helikopter, sondern in einem Tragflächenflugzeug, mit dem wir unterwegs nicht landen können. Ich sitze direkt hinter dem Piloten und kann zum Fotografieren sogar ein Fenster öffnen. Meine Frau Renate sitzt neben mir und reicht mir die gewünschten Objektive an. Gleich nach dem Start sehen wir unter uns Nordenskjölds Hütte auf dem schmalen eisfreien Strand neben einer senkrechten Gletscherwand, dann fliegen wir in einer weiten Rechtskurve über den Kronprinz-Gustav-Kanal nach Norden. Der Kanal ist so voller Eisberge, daß mir eine Schiffspassage unmöglich erscheint. Rechts an Steuerbord ragt der vergletscherte Mt. Haddington 2.000 Meter hoch, das ist auch unsere Flughöhe – und links an Backbord das antarktische Festland mit unzähligen wildzerklüfteten Gletscherzungen, die in den Kanal fließen. Das ist ein totales Eischaos, da ist wirklich kein Weg zu erkennen – deshalb mußten ja auch Andersson und Duse auf das Meereis ausweichen. Nur weiter im Westen, da scheint das weite Hochplateau für Schlittenreisende gangbar zu sein. Jetzt liegt die Erebus- und die Terror-Bucht vor uns; ein Tafeleisberg reiht sich dort an den anderen. Wir erkennen die kleine fast 400 Meter hohe braune Paulet-Insel vor dem über 1.000 Meter hohen Gletscherberg Mt. Percy auf der Joinville-Insel. Als der Pilot mit einer Rechtskurve zur Landung

Anflug auf die antarktische Halbinsel, fotografiert aus einer Herkules-Maschine.

ansetzt, tauchen schon die rotleuchtenden Bauten von Marambio und gleich dahinter das Rollfeld auf. Seymour sieht neben der Station wie gesprenkelt aus, und der Pilot klärt mich auf. Die winzigen schwarzen Punkte am Boden sind Abertausende von Adeliepinguinen.

Auch am Abend unseres ersten Tages auf dem weißen Kontinent kommt keine Müdigkeit auf, zu überwältigend sind die Eindrücke, die erst einmal verdaut werden müssen. Bevor wir unser Nachtlager aufsuchen, stehen wir noch lange draußen, gute hundert Meter über der Küste und erleben kurz vor Mitternacht, wie sich die Tafeleisberge im Osten erst gelb und dann rot einfärben. Goldene Tafeleisberge liegen wie leuchtendes Herbstlaub – bis zum Horizont – auf dem Meer. Was mag dieses geheimnisvolle Land sonst noch an Schönheiten bieten? Kann es bei diesem nächtlichen Anblick überhaupt noch eine Steigerung geben? Und doch hat dieser Tag bei mir schon wieder Wünsche geweckt. Ich möchte nach Paulet reisen, vor der Hütte von Kapitän Larsen stehen und zur Hoffnungsbucht, in der immer noch die einsame Steinhütte von Andersson, Duse und Grunden erzählt.

Luftaufnahme vom Kronprinz-Gustav Kanal, in den die Gletscherströme der Halbinsel fließen.

Alles ist von atemberaubender Reinheit.
Die Welt im Urzustand. Hier ist sich unser Planet seit seiner Erschaffung gleich geblieben. Reinheit – dieses Wort geht mir nicht mehr aus dem Kopf.
Ich bin ganz betäubt von soviel Schönheit, der unglaublichen Stille, es ist fast zu viel für mich.
Jean-Louis Etienne

DIE HALBINSEL

Albatrosse und Sturmvögel schweben um unser Schiff, der Tag ist grau und trübe. Dennoch fiebern wir alle dem ersten Landgang in „Antarctica" entgegen. Vor der antarktischen Halbinsel liegt ein wildes Gewirr von Inseln und Klippen: runde, schneebedeckte Kuppeln, hohe Bergspitzen, schimmernde Gletscher und nackte Felsen. Das sind die Südshetlands. Da dieser Archipel im Frühsommer verhältnismäßig leicht zu erreichen ist und das Meer dort im Südsommer fast immer offenes Fahrwasser aufweist, sind die eisfreien Buchten und Strände dieser Inseln mit vielen wissenschaftlichen Stationen belegt: Russland, Chile, Argentinien, Polen, Brasilien, Uruguay, China, Südkorea und Deutschland sind dort vertreten.

Vor der polnischen Station Arctovski gehen wir vor Anker, und die Zodiacs beginnen ihren Pendeldienst. Die Gastfreundschaft der Polen ist in der Antarktis schon sprichwörtlich. Mir scheint, die Männer freuen sich über jeden Besuch, über jedes neue Gesicht. Neben der polnischen Flagge wehen die schwarz-rot-goldenen Farben und auch die amerikanische Fahne am Mast vor dem langgestreckten gelben Stationsgebäude. Direkt am Landeplatz steht ein auffälliger Felsen mit einer schönen Madonnenfigur. Jeweils am Heiligen Abend ziehen die Männer der Station in einer Prozession zu diesem Platz, um hier das Weihnachtsfest zu feiern. Vom Landeplatz aus kann man direkt zu den Polen gehen, dort Kaffee trinken und Souvenirs kaufen (fast jede Station hat heute einen kleinen Andenkenladen mit T-Shirts, Briefmarken, Patches, Fotos, Wimpeln und ähnlichen Dingen), oder man biegt nach links ab zu einem Pulk von übel riechenden See-Elefanten, hinter denen sich eine große Kolonie von Adelie-, Zügel- und Eselspinguinen befindet. Etwa zwei Dutzend See-Elefanten liegen hier im Morast dösend beisammen, rülpsen und fauchen, lassen sich aber durch die Besucher in ihrem Frieden kaum stören.

Die polnische Station wurde nach dem Geologen Henryk Arctovski benannt, der an der berühmten Belgica-Expedition (1898/99) unter Adrien de Gerlache teilgenommen hatte. Siebzehn polnische Wissenschaftler untersuchen hier geologische, ornithologische und meteorologische Fragen.

An der hinteren Wand des gemütlichen Gemeinschaftsraumes hängt ein wunderschönes Bild der „Belgica", die als erstes Schiff in der Antarktis überwintert hat. Die Geschichte der Belgica-Expedition war so buntschillernd wie die Mannschaft, in der die verschiedensten Nationalitäten vertreten waren. Das Kommando hatte der Belgier Adrien de Gerlache, und sein wissenschaftlicher Stab bestand aus dem polnischen Geologen und Meteorologen Henryk Arctovski, dem belgischen Physiker Emile Danco, dem rumänischen Zoologen Emile Racovitza, dem belgischen Astronomen Georges Lecointe, dem amerikanischen Arzt Dr. Frederick A. Cook und dem norwegischen zweiten Offizier Roald Amundsen. Adrien de Gerlache träumte schon lange von der Antarktis und faßte schließlich den Plan einer eigenen belgischen Expedition. In Norwegen kaufte er das Robbenfängerschiff „Patria", ließ es umbauen und verstärken und in „Belgica“ umtaufen. Ein Jahr lang lernten Gerlache und Danco in Norwegen Schneeschuhlaufen und den Umgang mit Schlitten, außerdem ließen sie sich von Nansen beraten. Mitte August 1897 lichtete die „Belgica“ in Antwerpen die Anker, am 22. Januar hatte das Schiff die erste Eisberührung, und ein Sturm trieb das Schiff umher wie einen Korken. Eiskalte Wogen stürzten auf das Deck und rissen den Matrosen Wiencke von Bord. Der unglückliche Mann klammerte sich verzweifelt an die Notleine. Rettungsversuche hatten keinen Erfolg; Wiencke konnte die Leine nicht mehr halten, stürzte in die eisige See und ertrank.

Bei jedem Berg oder Gletscher glaubten die Männer, das antarktische Festland zu sehen. In Wahrheit waren es die vorgelagerten Inseln, die – so gut es geht – vermessen und in die Karten eingetragen wurden. Von vielen Inseln sammelten die Männer Gesteinsproben ein. Aufgrund ungünstiger Windverhältnisse geriet das Schiff an die Westseite (statt Ostseite) der Halbinsel. In jeder Bucht hoffte man auf eine Durchfahrt nach Osten – aber die gab es nicht. Der März kam und mit ihm der Winter. Die Wissenschaftler und auch die Matrosen drängten auf Rückfahrt, aber Gerlache ließ weiter nach Süden steuern, und Cook sowie Amundsen stimmten ihm zu. Am 2. März hatte Gerlache endlich die Rekorde von Cook und Bellingshausen, die als erste Seefahrer bis zum 71. und 70. Breitengrad vorgedrungen waren, gebrochen. Er hat 71°31’ Süd erreicht – und das Eis schloß sich um die „Belgica“. Jetzt waren alle Diskussionen über Rück- oder Weiterfahrt überflüssig, es gab für das Schiff kein Entrinnen mehr. Die Männer mußten zwangsläufig überwintern. Am 5. Juni starb Emile Danco an Erschöpfung und Skorbut. Panik ergriff daraufhin die Überlebenden, zwei Matrosen wurden irrsinnig. Dr. Cook verordnete allen frisches Pinguin- und Robbenfleisch. Daraufhin kamen die Männer wieder zu Kräften, und Mitte März 1899 – der Südsommer war bereits vorüber und der zweite Winter drohte – durchbrach die „Belgica“ endlich das letzte Eis und stieß auf freies Wasser.

Die Expedition erreichte Ende März Punta Arenas, und damit die Zivilisation. Neues Land hatte sie nicht entdeckt, dafür aber viele wissenschaftliche Daten gesammelt und die bis dahin sehr ungenaue Karte der Halbinsel verbessert.

Nach dem Besuch der polnischen Station sind wir alle wieder zum Lunch an Bord der „Bremen“ und fahren zwei Stunden weiter in die Maxwell-Bay. Dort liegen die beiden Stationen Teniente March (Chile) und Bellingshausen (Russland). Wieder bringen uns die Zodiacs an den Strand. Die chilenische Station ist größer als die polnische. Hier leben 127 Personen, darunter auch Frauen und Kinder, für die eine eigene Schule da ist. Die russische Station Bellingshausen liegt unmittelbar neben Teniente March – und doch sind das zwei Welten. Hier ist alles modern und sauber, dort liegt rostiger Müll tonnenweise. Die Unterkünfte sind ungestrichen und dem Verfall preisgegeben.

In einer guten halben Stunde kann man von Teniente March auf einer Schotterstraße zur chinesischen Station Great Wall laufen. Great Wall ist eine häßliche Großbaustelle, aber in einem alten Stationsgebäude gibt es einen fast luxuriösen Repräsentationsraum für Besucher mit wunderschönen chinesischen Möbeln, einem großen Wandteppich, der die chinesische Mauer zeigt, und einem gewaltigen Kristalleuchter. Eine andere Wand ist mit Schiffsbildern und Schiffsplaketten geschmückt: „Lindblad Explorer“, „Frontier Spirit“, daneben russische und chinesische Antarktis-Schiffe.

Vor dem Haus zeigt ein Wegweiser in alle möglichen Himmelsrichtungen: Hongkong 15.551 km, Taipeh 15.871 km und Peking 17.501 km. Leider bleibt die Antarktis heute grau, und aus dem Himmel fällt ungemütlicher Nieselregen. Dieser Tag gehört den Forschungsstationen, aber zoologisch und botanisch interessierte Besucher sind ebenfalls voll auf ihre Kosten gekommen. Wir haben Blauaugen-Kormorane gesehen, Dominikaner-Möwen, buntfüßige Sturmschwalben, Zügelpinguine, Adeliepinguine, Eselspinguine, große braune Raubmöwen, nördliche und südliche Riesensturmvögel und dazu die ersten See-Elefanten und Weddel-Robben. Für die Botaniker gab es antarktisches Gras, antarktisches Perlkraut, Landalgen, Schneealgen, Haarmützenmoos, antarktisches Moos, gelbe Flechten, antarktische Strauchflechten und verschiedene Blaualgenarten. Das hört sich nach einer reichen Flora und Fauna an, aber die existiert nur in Küstennähe, im Landesinneren der Antarktis gibt es keinerlei Lebewesen.

Unser nächstes Ziel ist Hannah-Point mit See-Elefanten, Esels- und Zügelpinguinen. Unweit der Kolonie befindet sich die kleine argentinische Station Teniente Camara. An der Ostseite von Livingston Island befindet sich eine kleine vorgelagerte Insel in der Form eines Halbmondes, die Argentinier nennen sie Isla Media Luna, die Halbmondinsel. Auf ihr liegt Hannah-Point.
Das Schiff geht in der Half-Moon-Bay vor Anker, und unser Expeditionsleiter Gerald Broddelez fährt mit uns Lektoren in Scoutbooten zur Landungsstelle. Die hat sich total verändert. Auf der letzten Reise vor acht Tagen erlebten wir hier einen faszinierenden Landgang. Jetzt liegt soviel Treibeis in der Bucht, daß eine Landung unmöglich erscheint. Ostwind muß das Packeis in den letzten Tagen in die Half-Moon-Bay getrieben haben. Gerald meldet die Situation über Funk an die Brücke, und Kapitän Heinz Aye entscheidet: „Keine Anlandung, wir fahren weiter nach Deception.
Schade, aber nicht zu ändern. Auf Hannah-Point gibt es bei besseren Eisverhältnissen viel Interessantes zu sehen. Vor acht Tagen konnten unsere Zodiacs bis an die ersten flachen Felsen fahren.
Wir standen nach wenigen Metern vor einer kleinen Kolonie von Zügelpinguinen, zu denen sich auch zwei Goldschopfpinguine gesellt hatten. In so einer Kolonie ist immer Leben. Die Nester bestehen aus wenigen kleinen Steinen, die das Wegrollen der Eier verhindern sollen. Ständig sind Pinguine unterwegs, um ihren Artgenossen solche Neststeine zu stehlen. Die Besitzer versuchen ihr Eigentum mit großem Geschrei zu verteidigen. Dabei sind die Steinnester gar nicht mehr notwendig. Die Küken sind längst geschlüpft, und erste Jungtiere üben bereits das Kopulieren mit einem Partner „recht unbeholfen und tölpelhaft“. Andere trainieren den Balztanz. Zwischendurch steigen immer wieder Pinguine aus dem Wasser und werden von hungrigen Schnäbeln ihrer Küken stürmisch begrüßt. Sie führen ihren Schnabel in den der Eltern und warten gierig, bis diese ihre bereits vorverdaute Krillmahlzeit auswürgen. Bei anderen Landgängen hatte ich beobachtet, daß sich Zügel-, Adelie- und Eselspinguine grundsätzlich vertragen und in ihren Gemeinschaften direkt neben anderen Arten leben. Kam aber ein Zügelpinguin am Nest eines Adeliepinguins vorbei, dann reagierte der Adelie durchaus feindselig mit großem Geschrei und Gezeter. Nicht anders erging es einem Adeliepinguin, der sich zu dicht an eine Gruppe Eselspinguine traute.

Königspinguine bevölkern vor allem die subantarktischen Inseln.

Pinguine sind flugunfähige Vögel, die sich ideal an das Leben auf dem Land und im Wasser angepaßt haben. Sie leben nur auf der südlichen Halbkugel und haben sich vor rund 70 bis 100 Millionen Jahren aus flugfähigen Vögeln entwickelt. Die lebten wahrscheinlich an den vegetationsreichen Küsten von Gondwanaland. Kaiser- und Adeliepinguine sind die einzigen ihrer Art, die auf dem antarktischen Kontinent brüten. Zügel-, Hauben- und Eselspinguine besuchen das Festland ab und zu, brüten aber fast ausschließlich auf den der Antarktis vorgelagerten Inseln. Noch weiter draußen, im Bereich der Konvergenz, leben die nördlichen Eselspinguine und die Königspinguine. Alle Arten bilden eigene Kolonien, die auch zu ihrer Sicherheit dienen. In der Gemeinschaft lassen sich Raubmöwen viel besser abwehren, die die ärgsten Feinde von Küken und jungen Pinguinen sind. Für die erwachsenen Tiere sind es die Seeleoparden, Pelzrobben und Orkawale. Die Kaiser- und Königspinguine sind die größten und farbigsten Vertreter, sie werden fast einen Meter hoch und wiegen 20 bis 45 Kilogramm. Sie legen jeweils nur ein Ei, das sie auf den eigenen Füßen ausbrüten. Alle anderen Arten bauen sich recht einfache Nester aus Steinen, Knochen oder Moos. Pinguine leben aus dem Meer: von Plankton, Krill, kleinen Fischen und Tintenfischen. Das Federkleid der Pinguine ist so dicht, daß kein Wasser an die Haut dringen kann. Am Schaft der Federn befindet sich noch ein dauniges Büschel, das wie ein warmes Unterhemd zwischen dem Körper und den Federn wirkt. Die Haut selbst ist mit einem guten Fettpolster unterlegt, dieses Fett ist Wärmeisolation und Nahrungsreserve gleichzeitig. Bei der Balz, beim Laufen oder beim Kämpfen überhitzen Pinguine sehr leicht, weil sie die überschüssige Wärme gar nicht schnell genug durch all ihre Isolierschichten abgeben können.

Am Landeplatz Hannah-Point liegen auch See-Elefanten, drei Bullen und sieben Weibchen. See-Elefanten sind die größten Vertreter der Seehundfamilie und leben zur Zeit ihrer Fortpflanzung im Süden Südamerikas und auf fast allen subantarktischen Inseln. Bullen werden bis zu sechs Meter lang und wiegen drei bis vier Tonnen, die Kühe sind halb so groß und halb so schwer. Unter der festen Haut mit einem verhältnismäßig kurzen Haarkleid liegt eine gut isolierende Blubberschicht von 5 bis 10 Zentimeter Stärke bei den Weibchen und bis zu 15 Zentimeter Dicke bei den Männchen. Diese Blubberschicht macht etwa ein Drittel des gesamten Körpergewichtes aus. Die Bullen haben eine aufblasbare Nase, die wie ein Elefantenrüssel über dem Maul hängt und bei Erregung 60 bis 70 Zentimeter lang werden kann.

See-Elefanten sind die größten Vertreter der Hundsrobben, Männchen werden bis zu 6 m lang.

Den Winter verbringen die Tiere im Meer, ab September kommen sie zu ihren Paarungsplätzen auf die Sand- und Schieferstrände. Hier sichern sich die Bullen sofort ihre Revierplätze und erwarten die nachfolgenden Weibchen. Während dieser Zeit kämpfen die Bullen unentwegt und verteidigen ihren Harem. In dieser Zeit der gesamten Fortpflanzungsperiode fasten die Männchen und leben von ihren Fettreserven. Im Oktober werden die ersten Babys geboren, die mit einem Gewicht von 40 bis 50 Kilogramm zur Welt kommen. Auf Hannah-Point näherten wir uns den Tieren besonders vorsichtig. Hinter einem leicht ansteigenden Hang fallen steile Klippen direkt ins Meer, und die Bullen liegen meist oben auf der Kante. See-Elefanten sind sehr schreckhaft, und dabei können sie schnell in Panik geraten und über die Klippen tödlich abstürzen. Oder sie überrollen eine Pinguinkolonie wie ein Panzer. Unsere Biologen erzählten mir, daß in so einem Fall die Pinguine nicht einmal flüchten, sie bleiben bei ihren Jungtieren und lassen sich zu Tode walzen. Aus diesen Gründen haben wir Lektoren zum Schutz der Tiere die Zugänge zu diesen Stellen für die Passagiere durch Wachposten gesperrt.

Die schönste Pinguin-Kolonie auf der Halbinsel befindet sich auf Paulet Island. Dort brüten weit über hunderttausend Adeliepinguinpaare, und mitten in der Kolonie liegen die Reste von Larsens Hütte, die heute immer wieder und gern von Pinguinen bewohnt wird. Ihnen bietet sie immer noch einen guten Windschutz. In einer so großen Pinguinkolonie ist die Luft von ätzendem Geruch und ohrenbetäubendem Lärm der kleinen Frackträger erfüllt. Pinguine überall: am Strand, auf den Eisschollen, im Wasser, am Berghang und im nächsten Tal. So weit das Auge reicht, Pinguine und wieder Pinguine. Und neben dieser lebendigen Wirklichkeit steigen in mir plötzlich andere Bilder auf: Ich sehe Kapitän Larsen und seine Männer, zwanzig an der Zahl, verzweifelt und doch engergiegeladen und tatkräftig. Da unten am Strand haben ihre Boote gelegen, vom Ufer zur Hütte haben sie Material geschleppt - und um das Haus herum die lebende Speisekammer für den kalten und dunklen Winter. Einer von diesen Männern ist hiergeblieben, Christian Wennersgaard liegt unweit der Hausruine begraben, an einem Platz, von dem der Blick weit nach Westen schweift, auf die Schollen und Tafeleisberge der Erebus- und Terror-Bucht.

Ganz anders habe ich die dritte Hütte erlebt: das armselige Winterhaus von Andersson, Duse und Grunden. Es liegt gleich hinter dem Landungsplatz der argentinischen Station Esperanza in der Hoffnungsbucht. Das historische Steinhaus am „Hafen“ ist so unscheinbar, daß viele Besucher achtlos daran vorbeigehen. Es war ja auch mehr ein Windschutz für das Zelt als ein richtiges

Haus. Um so größer erscheint mir die Leistung der drei einsamen Männer, weil sie in dieser kärglichen Hütte überlebt haben. Nicht verwunderlich, daß man das alte Haus übersieht; denn heute leben hier fast hundert Menschen in roten Häusern mit Schule, Kirche und einem Casino. Da stehen Funkantennen und Raupenfahrzeuge neben Booten und anderem technischen Gerät. In der Station Esperanza wurde im Jahre 1979 das erste Kind auf antarktischem Boden geboren: Teniente Marco Palma. Die Argentinier versuchten sogar über diesen ungewöhnlichen Weg territoriale Hoheitsansprüche anzumelden.

Nachdem die Schiffsleitung die geplante Anlandung in der Half-Moon-Bay aufgeben mußte, steuern wir Deception Island an. Zwei Buckelwale, etwa 16 Meter lange Meeressäuger, ziehen vor uns her. Deutlich sind die massigen grauglänzenden Körper im Wasser zu sehen, und ihr Blas leuchtet im Gegenlicht wie die funkelnde Fontäne eines kleinen Geysirs. Wir haben in den letzten Jahren nur selten Wale in der Antarktis gesehen. Kommerzielles Jagen und Töten, das hier über 100 Jahre lang andauerte, haben die Bestände so stark dezimiert, daß eine Erholung kaum noch möglich erscheint. Früher lebten in der Antarktis viele Walarten in großer Zahl. Der Blauwal, mit einer mittleren Länge von 24 Metern und einem mittleren Gewicht von 85 Tonnen das größte Tier, das jemals auf der Erde gelebt hat, ist heute nahezu ausgerottet. Deception Island mit seinen Robben- und Walfängerstationen spielte bei der rücksichtslosen Vernichtung der Tierbestände in der Antarktis eine führende Rolle. Deception Island – das heißt „Täuschungsinsel" – war der beste Naturhafen im südlichen Fanggebiet. Zu Beginn des 18. Jahrhunderts kamen die ersten Robbenschlächter hierher. Zwischen 1820 und 1823 wurden auf Deception mehr als 30.0000 Pelzrobben getötet und zu hundert Tonnen Öl verarbeitet. Nach den Robbenjägern kamen die Walfänger. Über 30 Jahre lang qualmten hier die Schornsteine der Trankochereien.

Weihnachtskerze und Gesicht, gemalt 1968 auf rostigen Tanks in Deception. Von wem?

Die Deception Insel ist der Rest eines riesigen Vulkans, der durch die Last seines eigenen Gewichtes einbrach und eine große Caldera bildete. Diese Caldera, 14 mal 10 Kilometer groß, ist durch einen schmalen Kanal, Neptuns Blasebalg, mit dem Meer verbunden. Das ganze sieht tatsächlich nach einem geschützten Hafenbecken aus - besonders bei strahlend blauem Himmel und Windstille. Dennoch können in dem Krater Stürme blasen, die jeden Seemann das Fürchten lehren. Und wenn die See einmal ruhig ist, dann drohen trotzdem Gefahren von dem aktiven Vulkan. 1944 bauten die Engländer hier eine Forschungsstation, 1969 wurde sie durch einen Ausbruch zerstört. Vermutlich liegt hier auch der Grund der Namensgebung: Täuschungsinsel.

Wir erreichen Neptuns Blasebalg bereits gegen Mittag und fahren hautnah an der steilen Felswand – an Steuerbord liegend – in die Caldera.

Kaum an Land – hier besteht die Welt aus schwarzem Lavasand, gesprenkelt mit Schneeresten – beginnen wir die weiten Schutthänge emporzusteigen. Nach 20 Minuten stehen wir am Rand von eindrucksvollen Vulkankratern, die erst vor 25 Jahren entstanden sind. Diese Welt aus Asche, Eis und Himmel erinnert wahrlich an unsere Weltschöpfung und geologisch an Island. Tief unter uns der spiegelglatte Kratersee mit einem schwarzen Lava-Faltenwurf am gegenüberliegenden Ufer, unterbrochen von leuchtend weißen Schneefeldern. Vor uns ein Chaos aus senkrechten Abstürzen, rauschenden Gletscherbächen und Eisinseln vor den Hängen. Das ist Urlandschaft pur.

Nach diesem Landgang fahren wir zurück zur Whalers's Bay und betreten dort die beheizte Uferpromenade. Das ist kein Scherz, der Strand ist hier im vorderen Bereich warm, so daß sich unsere oft wartenden Matrosen, die den Passagieren in und aus den Zodiacs helfen, endlich mal die Füße wärmen können. Der Vulkan Deception ist eben im Erdinnern noch nicht erkaltet.

Eine Geisterstadt liegt vor uns. Da stehen Häuser und Hausreste neben großen Tankanlagen. Überall liegt rostiger Müll der Walfänger, und im Hauptgebäude finden wir noch Kohlen für viele Überwinterungen. Am Rande der Geisterstadt steht ein verfallener Hangar, hinter ihm liegt der abgewrackte Rumpf eines Flugzeuges. Flugzeuge gehören zur Geschichte von Deception ebenso wie die Walfänger.

1928 startete der australische Polarforscher George Hubert Wilkins von hier aus mit einer Lockheed Vega zu dem ersten Flug in die Antarktis. Wilkins wollte ursprünglich die Antarktis überfliegen und auf dem Ross-Eis-Schelf mit seinem amerikanischen Kollegen Richard Evelyn Byrd dinnieren. Aus diesem „Dinner for two" wurde leider nichts, aber Wilkins flog tatsächlich über 2.000 Kilometer weit und erkundete als erster die antarktische Halbinsel aus der Luft.

Herrliche vergletscherte Berge warten in Cuverville auf ihre Erstbesteiger.

Früh am nächsten Morgen ankern wir in einer bizarren Inselwelt vor Cuverville Island. Das ist ein gewaltiger Felsklotz mit glattem, steinigem Gelände auf seiner Nordseite. Dort treffen wir auf eine große Kolonie Eselspinguine, Raubmöwen und Robben. Hier studierte der britische Biologe Dr. Bernhard Stonehouse den Einfluß des Tourismus auf das Leben einer Pinguin-Kolonie. Stonehouse, der sich große Verdienste um die Polarforschung erworben hat, konnte keine negativen Veränderungen durch Touristenbesuche feststellen. Zur Mittagszeit fährt die „Bremen" an der Danco-Insel (benannt nach Emile Danco, der während der Belgica-Expedition starb) vorbei in die Paradise-Bay. Bei klarem Wetter spiegelt sich hier die ganze Schönheit der vergletscherten Bergwelt im tiefblauen Wasser der wahrhaft paradiesisch schönen Bucht. Wie leuchtendrote Korallensplitter liegt die argentinische Station Almirante Brown am Schneehang. Dieser Posten wurde 1951 eingerichtet und brannte 1984 ab. Angeblich hat der Kommandant, halb wahnsinnig durch die Einsamkeit, seine Station selbst angezündet, um damit seine Versetzung zu erzwingen. Also ist dieser Ort doch nicht so paradiesisch? Für uns schon, denn wir erleben die Bay von der sicheren Basis eines Vier-Sterne-Luxus-Schiffes. Wir betreten antarktisches Festland, besteigen einen schneebedeckten Hügel und genießen das atemberaubende Panorama, das selbst bei leichtem Schneetreiben noch begeistert.

Auf der letzten Reise erlebten wir hier wirklich das Paradies. Der Himmel war wolkenlos, und die Paradiesbucht lag in unbeschreiblich klaren Farben vor uns. Die nahen Gletscher, die hier viele Eisberge ins Meer kalben, leuchteten aus unzähligen Spalten heraus tiefblau und türkis. Wir fuhren im Zodiac zu nahen Gletscherabbrüchen und besuchten auf „ihren" Schollen Robben, die sich in der warmen Nachmittagssonne kaum stören ließen.

Ganz ähnlich erlebten wir auch die stillen Fahrten durch den Gerlache-Kanal, den Lemair-Kanal und den Neumayer-Kanal. Nachts um zwei Uhr rief mich der wachhabende 1. Offizier Thilo Natke in meiner Kabine an, und wenige Minuten später stand ich mit der Kamera an Deck. Wie flüssiges Gold leuchteten die Berge und Gletscher westlich des breiten Gerlache-Kanals in der Mitternachtssonne.

Auf dieser „Schönwetterreise" war das unser südlichster Punkt, von dem aus Kapitän Heinz Aye wieder Kurs auf Ushuaia nahm. Jetzt durchfahren wir den Neumayer-Kanal am Abend bei dichtem Schneetreiben. In Port Lockroy, einer kleinen Felsinsel, booten wir nach dem Dinner noch einmal aus und stehen vor Eselspinguinen, die sich gegen den Wind schützend vor ihre Küken stellen. Das starke Schneetreiben läßt Tiere und Landschaft in einem ganz anderen Stimmungsbild erscheinen als damals.

Am nächsten Morgen erleben wir den Lemair-Kanal ganz anders als auf der letzten Reise. Die Berge sind vom Neuschnee wie angezuckert, und das Wasser liegt wie glänzendes Blei zwischen ihnen.

Eisschollen mit Seeleoparden driften an unserem Schiff vorbei, und gleich nach der atemberaubenden Durchfahrt bricht die Sonne durch. Im Insel- und Kanalgewirr der Halbinsel ändert sich das Wetter oft und rasch.

Aber am nächsten Tag sind Meer und Himmel wieder grau. Auf dem Weg zur britischen Station Rothera passieren wir den südlichen Polarkreis. Die antarktische Halbinsel ragt wie ein Finger aus der Eisumklammerung von Antarctica heraus in offenes Wasser und zeigt nach Südamerika. Durch diese geographische Lage wird sie automatisch zum Tor in den Weißen Kontinent. Es wird hoffentlich ein friedliches Tor zu einem friedlichen Kontinent bleiben, solange der internationale Antarktisvertrag Gültigkeit hat und von allen Beteiligten akzeptiert wird. Was geschieht aber, wenn immer mehr Menschen immer mehr Rohstoffe verbrauchen und beanspruchen – koste es was es wolle! Dann könnte diese Halbinsel leicht zum Spannungsfeld werden. Schon heute überlappen sich hier die Gebietsansprüche Großbritanniens, Chiles und Argentiniens. Britische Kriegsschiffe liegen unweit des kalten Fingers vor den Falkland-Inseln und vor Südgeorgien, argentinische Politiker haben andererseits ihre erste Kabinettssitzung bereits demonstrativ im Eis der Halbinsel abgehalten, und Fachleute vermuten, daß die wichtigen Rohstoffe, wie sie in Afrika, Südamerika und Australien vorkommen, auch in Antarctica gefunden werden können.

Der Zügelpinguin hat einen schwarzen Streifen über Wange und Kehle.

Abendlicht in der Paradies-Bucht. Viele der großartigen Berge sind noch unbestiegen und namenlos.

Luftaufnahmen der Erebus- und Terror-Bucht mit Gletscherabbrüchen an der Ostküste der Halbinsel. Die Tafeleisberge sind größer als Fußballfelder und die senkrechten Felsabstürze (rechts) etwa 500 m hoch. Darüber liegen bereits Ausläufer der antarktischen Eiskappe.

Der eiskalte Süßwassersee oben auf der Paulet-Insel liegt mitten in einer großen Adeliepinguinkolonie.

Die Reste der dritten Hütte (Nordenskjöld-Expedition) auf der Paulet-Insel, in der Kapitän Carl Anton Larsen und seine Männer den Winter 1903 verbrachten.

Die zweite Hütte (Nordenskjöld-Expedition) in der Hoffnungs-Bucht, heute Esperanza, in der Andersson, Duse und Grunden 1903 überwinterten.

Vulkanlandschaft auf Deception (Südshetland Inseln), die erst Ende der 70er Jahre entstanden ist. Verschiedene Vulkanausbrüche haben hier britische und argentinische Forschungsstationen zerstört.

Völlig unberührte Landschaften aus Wasser, Fels, Eis und Himmel: Cuverville.

Adeliepinguine stolpern und rutschen über vereiste Strände (hier am Ross-Meer) zum Wasser, . . .

. . . um sich ihre tägliche Mahlzeit aus Krebstieren und Krill zu holen.

Futterübergabe in der Kolonie.
Der Adeliepinguin ist von Wissenschaftlern durch eine Nummer am Flügelstutzen gekennzeichnet.

Adeliepinguine in einer typischen Kolonie. Solche Kolonien dienen der Sicherheit, denn eine große Gemeinschaft ist der beste Garant für die erfolgreiche Verteidigung. Raubmöwen (Skuas) bedrohen die Jungvögel in der Kolonie, und Scheidenschnäbel jagen den Altpinguinen die Nahrung ab.

Junge Eselspinguine suchen gegenseitigen Schutz im Schneesturm.

Bei der Fütterung würgt der nahrungssuchende Pinguin seinen Küken bereits vorverdauten Krill in den Schnabel.

Eselspinguine - den Namen hat er aufgrund seines eselsähnlichen Rufes erhalten - sind mit den Adelie- und Zügelpinguinen nahe verwandt und leicht am dreieckigen Stirnfleck und an den korallenroten Schnabelseiten zu erkennen.

Antarktische Bilderbuchlandschaft in der Paradies-Bucht.

Die Weddelrobbe wurde nach dem britischen Entdecken James Weddel benannt und läßt sich durch helle Flecken auf dem schwarzen bis graubraunen Fell, sowie durch den rundlichen Körper und den verhältnismäßig kleinen Kopf leicht erkennen.

Der Lemaire-Kanal bei bedecktem Himmel und Windstille. Wie Blei liegt das ruhige Wasser zwischen den verschneiten Bergen.

Der 13 km lange Lemaire-Kanal, eingerahmt von über 1.000 m hohen Bergen, zählt zu den landschaftlich reizvollsten Gebieten der gesamten Antarktis. Durchfahrten sind nicht immer möglich, manchmal versperren Eisberge den Weg, die sich bei Windstille großartig im schwarzen Wasser spiegeln.

Der 3.795 m hohe Vulkan Mount Erebus wurde 1841 von Kapitän James Clark Ross entdeckt und nach seinem Schiff Erebus benannt. 1908 bestiegen Mitglieder der Shackleton-Expedition den aktiven Vulkan erstmals.

Kleiner Tafeleisberg in leichter Schräglage. Jeder Eisberg ist ein einmaliges Kunstwerk der Natur.

CAPE EVANS

Die Scott-Hütte auf Cape Evans mit dem Mount Erebus im Hintergrund.

FRY'S
PURE CONCENTRATED
COCOA
FRY'S
PURE CONCENTRATED
COCOA
FRY'S
PURE CONCENTRATED
COCOA
12.1 LB TINS
FRY'S MALTED COCOA
FRY'S
MALTED
COCOA
DIGESTIVE
BISCUITS

Der Innenraum der Scott-Hütte auf Cape Evans. Rechts im Vordergrund die Küche, links im Hintergrund der große Eßtisch. Zu beiden Seiten des Tisches befinden sich Schlafkojen.

Im Vorraum der Scott-Hütte befinden sich verschiedene Arbeitsgeräte sowie Skier, alles ist übersichtlich an den Wänden befestigt.

Die Küche in der Scott-Hütte mit den immer noch vollen Vorratsregalen und dem Herd im Vordergrund. Da in der Hütte ständig Temperaturen unter Null herrschen, bleiben Lebensmittel über Jahrzehnte erhalten und genießbar.

Laboreinrichtung der Wissenschaftler in der Scott-Hütte.

Offizierskojen in der Scott-Hütte. Die Mannschaften schliefen im vorderen Teil der Hütte auf Strohlagern.

Im Vorraum der Scott-Hütte befindet sich noch ein Stapel Robbenfett (Blubber), mit dem geheizt wurde.

Heuballen (Ponyfutter) dienten auch als Windschutz und halfen, die Scott-Hütte gegen die strenge Kälte zu isolieren.

Die Ross-See wurde von James Clark Ross auf der Suche nach dem südlichen Magnetpol entdeckt. Große Packeisfelder bildeten damals wie heute natürliche Hindernisse und weisen jeden Kapitän in seine Grenzen. Nachts färben sich Küsten und Schollen zu Märchenwelten.

Die Discovery-Hütte am Hut Point wurde von der ersten Scott-Expedition 1902 erbaut. Von allen Benutzern wurde die große Hütte (9,30 x 9,10 m) als ungemütlich, dunkel und kalt bezeichnet. Im Hintergrund liegt das japanische Kreuzfahrtschiff „Frontier Spirit", die heutige „Bremen".

Der großen Innenraum der Discovery-Hütte, voller Werkzeug und Kisten. Der Raum ist so groß und ungemütlich, daß Expeditionsmitglieder in ihm ihr Zelt aufbauten und darin schliefen.

In der Discovery-Hütte befinden sich - wie in allen anderen historischen Hütten auf der Ross-Insel - noch Lebensmittel, die nicht nur von Scott stammen, sondern ebenfalls von Shackleton und anderen.

38 lbs
NAVY

Rechts unten am Ufer von Point Wild ist die Büste des chilenischen Kapitäns der „Yelcho“ Luis Pardo Villalón auf einem Steinblock zu erkennen.

Point Wild auf Elephant Island. Nach dem Untergang der „Endurance“ erreichten Shackleton und 27 Expeditionsmitglieder in offenen Booten diesen Punkt. Von hier aus brach Shackleton mit 5 Männern im Rettungsboot „James Caird“ nach Südgeorgien auf, um Hilfe zu holen. 105 Tage später kehrte Shackleton mit dem chilenischen Marinekutter „Yelcho“ zurück und konnte alle Männer, die unter der Leitung von Frank Wild auf Elephant Island ausgeharrt hatten, lebend bergen.

Elephant Island im Abendlicht. Der Name dieser Insel, die für Shackleton und seine Männer eine große Rolle spielte, geht vermutlich auf die vielen See-Elefanten an ihren Küsten zurück.

Die Shackleton-Hütte der Nimrod-Expedition am Cape Royds, (77°33'S).

Der Innenraum der 8,50 m x 7 m großen Shackleton-Hütte mit Tisch, Herd und Vorratsregalen. Unter der Decke hängt ein Schlitten. Bei Shackleton gabe es im Gegensatz zu Scott keine räumliche und standesgemäße Trennung von Mannschaften und Offizieren.

Hinter der Shackleton-Hütte liegen unzählige Vorratskisten, Hundehütten und ein Rad des ersten Autos in der Antarktis (das nie wirklich in der Antarktis fuhr).

COLUMBIAN
Wholemeal
Biscuits
BISCUI
754
BRITISH ANTARCTIC
SHIP NIMROD
LYTTELTON
754
BRITISH ANTARCTIC
EXPEDITION 1907
714
BOTTLED PICKLES
308

ALL BRITISH MAKE
BELL'S
BEST QUALITY ONLY
MATCHES

Zu den Küchenvorräten gehören auch geräucherte Schinken, die sicherlich noch genießbar sind.

„Stiefelregal“ in der Shackleton-Hütte. Darüber die Porträts von König Edward VII und Königin Alexandra.

Mitternachtssonne in Shackletons Hütte. In den Kisten befinden sich Vollkorn-Kekse. Alle drei Hütten auf der Ross-Insel wurden 1960/61 vom neuseeländischen Antarktisdienst restauriert und werden bis heute von Neuseeland aus betreut.

Die 20 - 30 Meter hohe Abbruchkante des Ross-Schelfes.

Die Schelfeiskante ist in ständiger Bewegung; der Südwind weht Schneefahnen herunter, hausgroße Brocken stürzen krachend ins Meer, und die gigantischen Eiszapfen funkeln im klaren Licht.

Pinguine nutzen kleine und große Eisberge immer wieder als Transporthilfen.

Tafeleisberge, vom Schelf abgebrochen, können viele Quadratkilometer groß sein. 1986 löste sich vom Filchner Eis-Schelf eine 13.000 Quadratkilometer große Platte mit zwei unbewohnten Forschungsstationen.

Eistore entstehen durch Wellenschlag und Sonneneinwirkung.

Packeis im McMurdo Sound.

Eisberge werden nicht durch Wind getrieben, sie driften immer mit den Meeresströmungen. Dabei leben sie sehr lange - oft zehn oder zwanzig Jahre - innerhalb der Konvergenz. Driften sie über die Konvergenz nach Norden, dann tauen sie logischerweise schnell ab. Im Indischen Ozean erreichen sie nur den 50. Breitengrad, im Pazifik den 45.Breitengrad und im Atlantik sogar den 35.Breitengrad. Die Driftgeschwindigkeit beträgt je nach Meeresströmung zehn bis zwanzig Kilometer pro Tag.

Abendstimmung im Ross-Meer.

Krabbenfresserrobben, mit 40 Millionen geschätzten Tieren die häufigste Robbenart der Erde.

Hunderttausende von Königspinguinen begrüßen uns laut schreiend auf einer Moräne in den südgeorgischen Salisbury Plains.

Königspinguine sind wie alle anderen Pinguine flugunfähige Vögel, die eigentlich im Meer leben und das Land nur zur Brutzeit und zur Aufzucht ihrer Jungen aufsuchen.

Königspinguine gehören zur selben Gattung wie die Kaiserpinguine; im wohlgenährten Zustand wiegen sie 15 - 21 kg, und aufgerichtet erreichen sie eine Höhe von 80 - 90 cm. Die Küken tragen zunächst graubraune Dunen und später ein dichtes braunes „Wollkleid“.

See-Elefanten sind die größten antarktischen Robben. Bullen werden bis zu 6 Meter lang und bis zu 4 Tonnen schwer. Über dem Maul haben sie einen Rüsselansatz, der bei Erregung bis zu 70 cm lang werden kann. Weibchen (unten) werden selten länger als 3,5 Meter.

In See-Elefanten-Kolonien brechen immer wieder Kämpfe zwischen den Bullen um die Weibchen aus.

Königsalbatrosse bei der Balz (links). Sie sind die größten Vertreter der Sturmvogelverwandtschaft. Wie der Wanderalbatros (oben) erreichen sie eine Flügelspannweite von 2,5 - 3 Metern und wiegen bis zu 10 kg. Albatrosse haben ihre Brutplätze auf den subantarktischen Inseln.

Die Hütte von Carsten Borchgrevink am Cape Adare, in der Borchgrevink zusammen mit 9 Männern 1899 erstmals auf dem antarktischen Festland überwinterte. Somit handelt es sich um die älteste historische Hütte in Antarctica.

Die verlassene Walfängerstation Grytviken auf Südgeorgien.

Norwegische, britische und polnische Fischerboote gehören zum Schrott von Grytviken.

Die Walfängerkirche neben dem zusammengebrochenen Kino von Grytviken.

Hier wurden Tausende von Walen geflenst und verarbeitet.

Halos, auch Sonnenringe genannt, gehören zu den typischen Lichterscheinungen der Antarktis. Dabei handelt es sich um eine Brechung des Sonnenlichtes durch besonders ausgerichtete Eiskristalle in der Luft.

Abend in der Paradies-Bucht.

Fahrt durch den Neumayer-Kanal.

Auf lange, lange Zeit
war das einzige Gefühl, das sich in meinem Innern regte, Mitleid mit diesen Männern,
die um unseretwillen hatten so viel erdulden müssen.

Otto Nordenskjöld

DREI HÜTTEN AUF DER HALBINSEL

Die Halbinsel gehört zu den landschaftlich schönsten Gebieten der Antarktis: Eisgepanzerte Bergketten rahmen stille Buchten ein und erinnern an ein letztes noch unberührtes Naturparadies (Paradise Bay). Die Lemair- und Neumayerkanäle sind so grandios, daß dem Besucher bei so viel Schönheit und Großartigkeit der Atem stockt; außerdem gehören die Pinguinkolonien auf Paulet Island und Cuverville Island zu den schönsten und größten des gesamten Kontinents. Viele Menschen unserer Zivilisation suchen mehr denn je das Gefühl von unentdeckten Horizonten, das Geheimnis unbewohnter Landstriche. Sie brauchen Orte, wo man noch in einen klaren weiten Himmel schauen kann und in Ehrfurcht vor der kosmischen Kälte und Stille verstummt.

Es gibt in der Antarktis nur wenige eisfreie Plätze, meist sind das schmale felsige Küstenstreifen der Halbinsel, die sich für Forschungsstationen und Überwinterungsplätze eignen. Auf der Halbinsel befinden sich allein 16 wissenschaftliche Forschungsstationen aus Argentinien, England, Amerika, Chile, Brasilien, Polen, Korea, Uruguay, Rußland und China.

Am Anfang unseres Jahrhunderts war der Weiße Kontinent Antarctica erst wenig erforscht und tatsächlich noch ein großer weißer Fleck auf der Karte. Die Engländer konzentrierten sich auf die Küste des Viktorialandes südlich von Australien (unter der Leitung von Captain Robert F. Scott), und die Deutschen erforschten u.a. die nördlichen Inseln vor der antarktischen Halbinsel (unter Erich von Drygalski).

Die Schweden wollten einen weiteren Baustein zu dem großen Puzzle Antarctica liefern und sich mit ihrer Expedition auf die Vermessung und Erkundung der Ostküste der Halbinsel konzentrieren.

Und so war der schwedische Geologe Otto Nordenskjöld am 12. Oktober 1901 mit dem Segelschiff „Antarctic" zu einer Expedition in die Antarktis aufgebrochen, um eben die Ostseite der Halbinsel zu erforschen.

Am 21. Dezember 1901 verließ die „Antarctic" Buenos Aires mit einem neuen argentinischen Expeditionsmitglied an Bord: Leutnant José M. Sobral. Nordenskjöld hatte sich anfänglich ein wenig gegen die Aufnahme dieses Mannes gewehrt, weil er glaubte, ein Südländer sei einer harten und eiskalten Überwinterung in der Antarktis nicht gewachsen.

Auf den Falkland-Inseln kaufte Nordenskjöld noch acht Schäferhunde, denn von den vierzehn mitgenommenen grönländischen Schlittenhunden waren bereits zehn eingegangen. Der eismeererfahrene Kapitän Larsen dampfte jetzt endgültig nach Süden und mußte schon weit vor der Halbinsel sein Schiff durch dichtes Packeis manövrieren. Es gab damals nur eine belgische Karte von der Gegend, die aber wenig zuverlässig und teilweise sogar irreführend war. Sie zu verbessern, war eine der vielfältigen Expeditionsaufgaben.

Endlich erreichte das Schiff die Nordspitze von Ludwig-Philipp-Land, heute Graham Land, wo Nordenskjöld an der Festlandküste ein langgestrecktes Tal mit eisfreiem Strand entdeckte. Nordenskjöld fand diese Stelle ideal für ein Winterlager und überlegte: "Wenn sie nur etwas weiter südlich liegen würde."

Er nannte den Punkt „Depot-Gletscher". Heute steht dort die argentinische Forschungsstation „Esperanza". Von hier aus ging die Fahrt weiter nach Südosten zur etwa 60 Kilometer entfernten kleinen Paulet-Insel, einem erloschenen Vulkan; heute ist sie eine Fundgrube für Geologen und Biologen, außerdem beherbergt sie die größte Pinguinkolonie der Halbinsel.

Das Ziel der Expedition war die kleine Insel Seymour östlich der großen Ross-Insel. Von hier brachte Kapitän Larsen bereits 1892 hochinteressante Fossilien mit, die den ersten Beweis lieferten, daß es in der Antarktis einmal reiches pflanzliches Leben gab.

Da man auf Seymour keinen geeigneten Platz für die Überwinterungshütte fand, fuhr man weiter zur Nachbarinsel Snow Hill.

Am 13. Februar 1902 wird die Ladung der „Antarctic" gelöscht, und Nordenskjöld beginnt sofort mit dem Aufbau der Winterhütte, denn er will mit den fünf Männern G. Bodmann (Meteorologe), E. Ekelöf (Arzt und Bakteriologe), J.M. Sobral (Marineleutnant und Wissenschaftler) und den Matrosen Ole Jonassen und Gustav Aakerlundh auf Snow Hill überwintern, um die Ostseite der Halbinsel zu erforschen. Die „Antarctic" dampft zurück nach Norden, in einem Jahr soll das Schiff die schwedische Expedition wieder abholen.

Als Kapitän Larsen und Nordenskjöll sich trennten, ahnte niemand von den Männern, daß sie sich erst im Oktober bzw. November 1903 wiedersehen würden und daß sowohl der „Antarctic" als auch Nordenskjöld und seinen Männern eine Odyssee voller Strapazen, Gefahren und Schrecken bevorstand, deren Tagebuch sich wie ein Horrorroman mit glücklichem Ende liest.

Die Zeit von Februar bis November 1902 war ausgefüllt mit harter wissenschaftlicher Arbeit: Vermessen von Bergen und Buchten, Erstellen einer Landkarte, Aufzeichnen der Ergebnisse u.s.w. In Erkundungsfahrten stieß die Expeditionsgruppe weit ins Land vor, z.B. bis zur 140 km entfernten Robertson-Insel und darüber hinaus mußte sie viele unerträgliche Strapazen und Mißgeschicke erleiden: schon zu Anfang wurde die Zahl der Hunde stark dezimiert, weil die Grönländer Schlittenhunde über die Falkländer Schäferhunde herfielen und sie töteten; im unwegsamen Gelände kam es zu Verletzungen durch Stürze in Gletscherspalten und gegen Felsen, oder zu lange Wegstrecken brachten Proviantmangel und Hunger. Als die Männer am 3. November ins Winterlager zurückkehrten, hatten sie durch Schnee- und Eiswüsten 650 km zurückgelegt. Kein Wunder, daß Nordenskjöld und seine Männer in die Hütte taumelten und Sobral bewußtlos zusammenbrach.

Aber wenige Wochen später ist Nordenskjöld wieder unterwegs und findet auf Seymour tertiäre Pflanzenversteinerungen von Farnen, Nadel- und Laubbäumen, ähnliche Funde wie die von Larsen 1892.

Der antarktische Sommer ist gekommen, und jeden Tag kann die „Antarctic" vor Snow Hill ankern, um die Männer mit ihren wissenschaftlichen Ergebnissen an Bord zu nehmen. Täglich erklettern sie jetzt die nächsten Anhöhen und blicken sehnsuchtsvoll nach Norden. Da ist aber kein Mast, nur Eis und nochmal Eis. Die einsamen Männer feiern Weihnachten und träumen von zu Hause. Das Meer bleibt auch im Januar unbeweglich, nichts als Eis!

Am 16. Februar (1903) ist der Sommer zu Ende, und mit ihm die Hoffnung. Kapitän Larsen kann jetzt nicht mehr kommen. Das Eis würde sein Schiff zerdrücken.

Da die Lebensmittel längst aufgebraucht sind, muß man Jagd auf Robben und Pinguine machen, um zu überleben.

Die sechs Männer sind für einen zweiten Winter weder ausgerüstet noch vorbereitet. Die anfängliche Begeisterung für die großartige polare Landschaft ist in eine Stimmung der Niedergeschlagenheit und Verzweiflung umgeschlagen, und der eintönige Speiseplan – dreimal am Tag gedörrtes Pinguinfleisch – hebt die Gefühle auch nicht.

Endlich kommt die Sommersonnenwende! Die Tage werden jetzt wieder länger. In wenigen Monaten ist Sommer, dann wird die „Antarctic" kommen. Nordenskjöld überlegt, ob man die Hütte in Snow Hill aufgeben und nach Paulet Island ziehen soll. Dort gibt es Pinguine im Überfluß. Und wenn die „Antarctic" nicht bis Snow Hill durchkommt, bis Paulet müßte sie es schaffen.

Am 5. Oktober brechen Nordenskjöld und Jonassen auf, um zu erkunden, wie die Wegeverhältnisse nach Paulet Island sind, ob das Meer vereist ist oder ob es offenes Wasser gibt. Und dann kommt der 12. Oktober. Jonassen sieht sie zuerst, die drei schwarzen Punkte im Eis. Pinguine oder Menschen? Es sind Menschen, schwarze Menschen, in schwarzen Kleidern, mit schwarzen Gesichtern und hohen schwarzen Mützen. Sie kommen jetzt aus dem blendend weißen Nichts auf Nordenskjöld und Jonassen zugestürmt.

Als einer der schwarzen Gestalten Nordenskjöld noch mit Namen anredet und sagt: „Ich bin Duse, und das ist Andersson! Grunden ist der Dritte von uns, dort hinten beim Schlitten, er ist gerade beim Kochen!“ versteht er gar nichts mehr. Nordenskjöld glaubt zu träumen, und es dauert lange, bis dieses Puzzle zusammenpaßt. Drei Männer von der „Antarctic“ sind zu der Expedition gestoßen. Aber wo in aller Welt ist das Schiff? Wo ist Kapitän Larsen? Antworten auf all' diese Fragen erhält man, wenn man sich erzählen läßt, welches Schicksal Larsen, der Mannschaft und der „Antarctic“ in den vergangenen zwei Jahren widerfahren ist.

Duse, Andersson und Grunden treffen Nordenskjöld.

Kapitän Larsen hatte die sechs Männer in der einsamen Hütte auf Snow Hill nicht vergessen. Die „Antarctic“ war nach dem Absetzen der Expedition nach Norden gefahren und erreichte Anfang September 1902 Ushuaia, wo das angeschlagene Schiff gründlich überholt wurde.

Am 4. November stach die „Antarctic“ wieder in See und traf bereits auf 59°30' Süd große Treibeisfelder, die das Schiff eine Woche lang festhielten. Am 23. November erreichte Kapitän Larsen die Halbinsel. Leutnant Duse vervollständigte seine Karten. Am 5. Dezember wurden die Schiffskabinen für Nordenskjöld und seine Männer gereinigt und mit frischem Buchenlaub aus Feuerland geschmückt. Der Koch bereitete ein Festessen vor: Wildgans und richtige Hühnereier. Die Kameraden in Snow Hill werden begeistert sein. Aber dann kam das Aus! Gleich hinter dem Antarctic-Sound (die Wasserstraße zwischen der Joinville-Insel und der Nordspitze der Halbinsel wurde nach dem Schiff „Antarctic“ benannt) schließt sich das Eis nach Süden zu. Bis Snow Hill wären es nur noch wenige Stunden gewesen. Larsen will dem Eis ausweichen und fährt nach Norden zurück, fast bis Elephant Island. Aber auch dort ist kein Weiterkommen nach Süden.

Das Schiff dampft zurück zum Antarctic-Sound. Die Männer sehen vom Mastkorb aus die 450 Meter hohe Bergspitze von Cockburn Island. Diese Insel liegt nur knappe zehn Kilometer nördlich von Snow Hill. Aber das Eis verhindert die Rettung der sechs Männer. Der Zoologe Gunnar Andersson entscheidet sich spontan, über Land und Meereis nach Snow Hill zu marschieren. Leutnant Duse will ihn begleiten, und der norwegische Matrose Toral Grunden meldet sich ebenfalls zu diesem tollkühnen Abenteuer. Die Männer haben nur eine Notausrüstung, denn Schlitten, Zelte und Hunde gibt es auf Snow Hill, nicht aber auf dem Schiff. Kapitän Larsen stimmt zu, und man vereinbart:

Wenn die drei Männer nicht bis zum 25. Januar die Hütte erreichen, kehren sie zum Depot-Gletscher, ihrem Ausgangspunkt, zurück. Dort werden sie dann von der „Antarctic“ abgeholt. Kann Larsen Snow Hill bis zum 10. Februar nicht erreichen, dann müssen die neun Männer sich von der Hütte bis zum Depot-Gletscher durchschlagen. Kapitän Larsen wird bis zum 10. März im Antarctic-Sound warten.

Larsen und Duse wetten um ein Galadinner an Bord, wer von beiden zuerst in Snow Hill ankommt. Duse gewinnt diese Wette, er betritt die Hütte wenige Tage vor dem Kapitän – aber erst nach einem weiteren grauenvollen Winter! Die Besatzung schafft Lebensmittel für neun Männer (sechs Mann Hüttenbesatzung plus drei Mann Entsatzexpedition) für mindestens einen Monat in das Depot, dazu ein großes Zelt und andere Ausrüstung. Noch am gleichen Abend machen sich die drei mit einem Schlitten auf den Weg über das Moränenplateau hinauf zum Inlandeis. Oben auf der nur leicht ansteigenden Gletscherebene kommen sie gut voran. Nach etwa 30 Kilometern Plateauwanderung wird der Weg aber ungangbar. Da sind nur noch Spalten und wilde Gletschertrümmer. Die Expedition muß nach Süden ausweichen und mühevoll von den Bergen hinunter zum Meer klettern. Das Wasser besteht dort aus einem unübersichtlichen Eisberglabyrinth.

Duse führt trotz der Anstrengung des Marsches immer wieder Geländemessungen durch, bei denen er seine Schutzbrille abnehmen muß. Das führt schnell zur Schneeblindheit, und seine Augen schmerzen bald so, daß er sich nur noch mühsam hinter den Kameraden herschleppen kann. Am 3. Januar finden sie eine Aufstiegsroute zur Ross-Insel (wie sie glauben) und hoffen, in acht bis zehn Tagen Snow Hill zu erreichen. Auf halber Höhe lassen sie ihren Schlitten stehen und schleppen das Gepäck in Rucksäcken etappenweise aufwärts. Beim Erreichen der Höhe bleiben die drei Männer entsetzt und wie angewurzelt stehen. Vor ihnen liegt unvermutet ein neuer Meeresarm, unpassierbar mit Eisschlamm überflutet! „Der Weg ist versperrt!“, durchzuckte es sie. Erst jetzt wurde den Männern ihr Mißgeschick bewußt. Sie hatten geglaubt, den Sydney-Herbert-Sound hinter sich zu haben und Snow Hill direkt vor sich. In Wahrheit hatten sie den Kronprinz-Gustav-Kanal überquert und standen jetzt oben auf der Vega-Insel. Unter ihnen lag der Sydney-Herbert-Sound und machte jeden Weiterweg unmöglich. Mit dieser bitteren Erkenntnis mußten die Männer den schaurig kalten und nassen Rückweg antreten. Die böse Enttäuschung erschwert das Gehen, die drei Männer schweigen, sie sind niedergedrückt. Am 8. Januar erreichen sie das Festland und beginnen den steilen Aufstieg zum Plateaueis. Wie auf dem Hinweg muß das Gepäck etappenweise weitergeschleppt werden, da es mit dem Schlitten nicht mehr geht. Ein fürchterlicher Schneesturm bricht über sie herein, in dessen Schneemassen wichtige Gepäckstücke mit Meßinstrumenten, Medikamenten, Proviant, Kameras und Filme, vor allem aber Duses Aufzeichnungen versinken. Trotz verzweifelter Suche werden sie nicht gefunden. Ein schrecklicher Verlust! Am 13. Januar kommen die Männer am Depotplatz an und hoffen auf das baldige Eintreffen ihres Schiffes. Sie hoffen und geben der Bucht den neuen Namen Hoffnungsbucht. Jeden Tag schauen die Männer nach Süden, ob da nicht doch irgendwann die flaggengeschmückten Masten der „Antarctic“ erscheinen. Aber es kommt kein Schiff, keine Nachricht. Um die Wartezeit nützlich auszufüllen, beginnen die wartenden und hoffenden Männer ein Haus zu bauen. Langsam entsteht die zweite Hütte auf der Halbinsel aus Steinen, die sie ohne Werkzeug aus dem Boden mit ihren bloßen kalten Händen graben. Die Steinhütte bekommt einen Vorbau als Windschutz und Küche. Das Türloch wird nur 70 Zentimeter hoch.

Duse, Andersson und Grunden bei der Wintersonnenwende in der Hoffnungs-Bucht.

Da die Vorräte knapp werden, müssen Pinguine und Robben getötet werden. Noch wagen sie die bittere Wahrheit nicht auszusprechen: sie müssen in der armseligen Steinhütte den Winter verbringen. Das große Zelt wird in die Hütte verlegt. Eine Matte aus Pinguinfellen dient als Fußboden, geheizt wird nur mit Robbenfett und Tran. Nur einmal pro Woche, am Sonntag, gibt es eine Mahlzeit aus Konservenfleisch, sonst werden Pinguine und Robben gegessen. Wenn die Außentemperatur plötzlich stieg, wachten die Männer in einer Wasserlache auf. Die Lampen verbreiteten einen bestialischen Gestank, und aus dem Vorbau sickerte die Jauche der Toilette in die Hütte. Die Männer lagen wochenlang völlig untätig in ihren Schlafsäcken, die zu feuchten, schmutzigen Lumpenbündeln wurden.

Endlich steigt die Sonne wieder höher und spendet etwas Wärme. Jetzt, unmittelbar nach dem Winter, muß der Weg über das Meereis frei sein. Leutnant Duse schnitzt eine Nachricht in ein Stück Brett und hinterlegt sie in der Hütte.

Am 29. September 1903 brechen die Männer mit ihrem Schlitten, der im Winter das Dach der Hütte getragen und stark gelitten hat, erneut auf und erklimmen das Eisplateau. Und dort finden sie – welch ein Glücksfall – ihr Depot, das hier im Januar vom Schnee begraben wurde. Duse hat seine Aufzeichnungen wieder, seine unermüdliche Arbeit ist nicht vergeblich gewesen. Der Abstieg auf das Meereis wird dafür doppelt hart. Grunden hat sich einen Fuß erfroren, auch Duse hat Probleme mit Erfrierungen. Dann folgt ein neuer Schock: Im Osten steht offenes Wasser, da ist der Weg erneut versperrt! Es scheint nur eine Möglichkeit zu geben: Die Ross-Insel im Westen zu umgehen. Das bedeutet einen weiten Umweg, aber es ist die einzige Chance, Snow Hill zu erreichen. So entschließen sich die Männer nach Westen zu marschieren.

Die Mitglieder der Südpolar Expedition bei der Abfahrt von Göteborg.

Plötzlich tauchen in der Schneewüste Menschen auf. Zwei Männer ziehen mit einem Hundegespann durch die eisige Wildnis. Was für eine Fügung des Schicksals! Menschen hier im weißen Nichts! Und, wie bereits aus anderer Perspektive berichtet, findet das glückliche Wiedersehen zwischen Duse und Andersson einerseits und Nordenskjöld und Jonassen statt.

In nur dreieinhalb Tagen erreichen die Männer ihre Hütte auf Snow Hill, wo der Arzt Erik Ekelöf zwei Wochen braucht, um Duse und Grunden wieder halbwegs herzustellen.

Diesem denkwürdigen 12. Oktober folgt eine noch wundersamere Begegnung am 8. November. Bodmann und Aakerlundh sind nach Seymour gelaufen und wollen am Abend zurückkehren. Nordenskjöld sitzt an seinem Schreibtisch. Da kommt Duse ganz aufgeregt in die Hütte gestürmt: „Wir kriegen Besuch! Da kommt jemand über das Eis, aber es sieht so merkwürdig aus, so als wären es vier Männer.“ Und nach einigem Hin- und Herraten, ob da Bodmann mit Aakerlundh oder gar Larsen herankommt, besteht plötzlich kein Zweifel mehr: der vorderste Mann ist Aakerlundh und der ruft ihnen aufgeregt entgegen: „Da draußen liegt ein Schiff, ein argentinisches – von der „Antarctic“ haben sie nichts gehört!“

Jetzt haben die vier Männer Nordenskjöld erreicht. Es sind Bodmann und Aakerlundh mit dem argentinischen Kapitän Erizar und seinem Leutnant Jalur. Da in die zivilisierte Welt keinerlei Nachricht von der schwedischen Expedition und der „Antarctic“ kam, haben Argentinien und Schweden je eine Entsatzexpedition zur Halbinsel geschickt, um nach den Vermißten zu suchen: die argentinische „Uruguay“ und die schwedische „Fridtjof“. Bis zum vereinbarten Termin war die „Fridtjof“ noch nicht in Ushuaia, deshalb fuhr Kapitän Erizar alleine los und erreichte heute die Seymour-Insel. Dort traf er die beiden Schweden Bodmann und Aakerlundh.

Alle Männer sind jetzt in der Hütte und stellen die gleiche Frage: Wo ist die „Antarctic“? Plötzlich werden die Hunde draußen laut. Bodmann geht hinaus. Da stehen Männer auf dem Eis, fünf oder sechs. Bodmann geht ihnen entgegen. Das können nur Argentinier sein, die unsere Ausrüstung zur „Uruguay“ transportieren wollen. Aber so früh? Können die wirklich schon hier sein? Der Kapitän hat doch erst vor wenigen Stunden nach ihnen geschickt! Plötzlich erkennt Bodmann die unglaubliche Wahrheit und schreit sie hinaus in die kalte Welt von Snow Hill: „Hurra, Larsen! Larsen ist hier!“ Das kann gar nicht möglich sein! Ist Bodmann durchgedreht? Ist er verrückt geworden? Alle Männer stürzen hinaus, auch Nordenskjöld. Es war tatsächlich Larsen; aber wie kam er hierher?

Wir wissen bereits, daß die „Antarctic“ am 29. Dezember 1902 Andersson, Duse und Grunden auf das antarktische Festland abgesetzt hatte. Larsen versuchte nun, die Joinville-Insel nördlich zu umfahren, aber am 2. Januar geriet das Schiff in dickes Treibeis, obendrein setzte ein starker Sturm aus Norden ein und trieb das Eis vor sich her. „Eine abenteuerlichere Fahrt kann man sich gar nicht vorstellen. Steuerlos wurde die „Antarctic" von dem Eis nach Süden geführt, bald mit dem Bug, bald mit dem Hinterteil, bald mit der Breitseite voran." Auf Larsens Rat schliefen alle Männer ab sofort in ihren Kleidern. Das Schiff passierte die Paulet-Insel, deren Küsten ganz von Eisbergen blockiert waren. Am 9. Januar hörte die Mannschaft starkes Krachen auf beiden Schiffsseiten. Das Eis fing an zu schrauben. Ein südlicher Schneesturm peitschte durch die Takelage. Die Masten, der Schornstein und die Wanden waren schnell mit einer Eiskruste überzogen.

Die Pressungen wurden stärker. In einer Aufzeichnung heißt es: „Es kracht und knackt an allen Ecken und Kanten, und dann legt sich das Schiff nach Steuerbord hinüber. Es ist zerquetscht, und das Wasser dringt wie ein Sturzbach in den Maschinenraum."

Die mächtigen Schollen nahmen das schon schwer angeschlagene Schiff gnadenlos in ihren Schraubstock. Trotz der schweren Beschädigungen fuhr die „Antarctic" immer noch. Kapitän Larsen versuchte, so weit wie möglich nach Paulet-Island zu kommen. Zeitweise konnten die mit Volldampf laufenden Pumpen das eindringende Wasser sogar „halten". Trotz des Einsatzes von sechs Pumpen stürzten die Wassermassen mit unwiderstehlicher Gewalt in das Schiff; der Untergang war nicht aufzuhalten. Am 12. Februar sank die „Antarctic" vor der Küste von Paulet-Island. Kapitän Larsen ließ Boote, Berge von Säcken, Tonnen, Fässer und Kisten, Matratzen, Planken, Werkzeug, Segel und vieles mehr in Eile auf das Eis bringen.

Die zwanzig Männer saßen in einer langen Reihe stumm auf dem Eis und sahen dem traurigen Schauspiel zu. Noch arbeitete die Maschine, obwohl das Feuer gelöscht war. Es mußte wohl noch ein letzter Rest Dampf in den Kesseln sein. Fast lautlos sank die „Antarctic" in die eisige Flut, ihr Name (auf der Schiffswand) verschwand, dann die Reling, und jetzt prasselten Eisstücke und Wassermassen auf das Deck. „Den Ton vergesse ich nie. Es war unheimlich, es erschütterte mich bis in mein Innerstes", schreibt Carl Skottsberg in seinem Bericht. Die Männer befanden sich 40 Kilometer von Paulet-Island entfernt. Sechzehn Tage nach dem Untergang der „Antarctic" erreichten sie den Strand des erloschenen Vulkans. Dort entstand die dritte Hütte auf der Halbinsel, ein Steinhaus für zwanzig Menschen, die einen Winter lang von Pinguinen leben sollten. „Ehe wir uns versahen, war die Grundmauer fertig, und wir betrachteten mit Stolz unser Meisterwerk." Dank der geretteten Schiffsvorräte gab es noch reichlich Verpflegung: Kaffee, Tee, Schiffszwieback, Seehund- und Pinguinsuppe.

Die „Antarctic" zwischen Schraubeistälern kurz vor ihrem Untergang.

Am 3. März 1903 versuchte ein Boot mit dem ersten Steuermann und drei Matrosen zur Hoffnungsbucht zu rudern, um nach den dort abgesetzten Kameraden zu suchen. Vergeblich, schon einen Tag später kamen die Männer völlig durchnäßt und erschöpft zurück.

Das Haus wuchs von Tag zu Tag in die Höhe. Das Glas von Bildern aus der Offiziersmesse wurde jetzt zu Fenstern verarbeitet. Aus den Booten wurde überflüssiges Holz für die Türen entnommen. Kurz, es wurde großartig improvisiert, und bald stand auf Paulet ein richtig stattliches Haus, wesentlich komfortabler als die lausige Steinhütte in der Hoffnungsbucht. Es war Raum für 20 Schlafplätze mit einem Mittelgang, in dem man sogar aufrecht stehen konnte. In einem Vorraum war eine Küche mit Herd und Rauchabzug installiert. Die Außenmauern bestanden, Gott sei Dank, aus je zwei Steinwänden, die in der Mitte mit Pinguinguano isoliert wurden, denn der Winter brach über die Insel mit eisiger Kälte und so viel Neuschnee herein, daß das Haus darunter begraben wurde. Die Temperatur fiel auf minus 20 Grad und noch tiefer. In der Hütte konnte die Temperatur auf plus drei bis vier Grad gehalten werden. Und mit dem Winter kam auch der

Tod. Der Matrose Wennersgaard litt zunächst an heftigen Hustenanfällen, vermutlich war es Schwindsucht. Kapitän Larsen tippte außerdem auf Skorbut. Tagelang saß der Matrose leise stöhnend da. Am 7. Juni schlief der Mann im Sitzen für immer ein.

Aber auch dieser Winter verging. Am 31. Oktober machte Kapitän Larsen ein Boot klar und fuhr mit fünf Männern in die Hoffnungsbucht. Dort fanden sie die verlassene Hütte und die Nachricht von Duse. Sie nahmen jetzt Kurs auf Snow Hill. Zwölf bis fünfzehn Seemeilen vor dem Ziel wurden die Männer vom Eis aufgehalten. Sie zogen das Boot aus dem Wasser, bauten ein Zelt auf und schliefen sich nach der Ruderodyssee erst einmal richtig aus. Am 8. November starteten sie nachmittags um drei Uhr und erreichten gegen zehn Uhr abends das Ufer unterhalb der Station. Da hörten sie Bodmann rufen:„Hurra, Larsen ist da!“ Die restliche Schiffsbesatzung war in der dritten Hütte geblieben. Die Männer träumten von der Heimat. Ob sie Weihnachten wohl bei ihren Familien waren? Da durchdringt ein Ton die Nacht. Skottsberg glaubt zu träumen, aber da ist der Ton wieder und immer wieder! Er weckt seine Kameraden: „Hört ihr es denn nicht?! Ein Schiff!“ Plötzlich sind alle wach und stürzen nach draußen. Jeder möchte das unglaubliche Wunder mit eigenen Augen sehen.

Portrait Otto Nordenskjöld

„Hurra, ein Schiff! Ein Schiff!“ Nur ein Mann schläft weiter, leicht bedeckt von den schweren Steinen der Paulet-Insel: der Matrose Ole Christian Wennersgaard.

Die Expedition von N.O. Nordenskjöld und vor allem die durchgeführten Rettungsaktionen haben bereits gezeigt, wie sinnvoll eine friedliche Zusammenarbeit in der Antarktis ist, zum Wohle und Nutzen der internationalen Wissenschaft.

Ob sich Nordenskjöld während seiner Expedition vorstellen konnte, daß sein Forschungsgebiet einmal von Hubschraubern und großen Transportmaschinen überflogen wird, daß auf Seymour riesige Funkantennen stehen werden (dort liegt heute die argentinische Station Marambio) und daß Kreuzfahrttouristen aus aller Welt in Snow Hill, auf Paulet-Island und in der Hoffnungsbucht an Land gehen und die Hütten seiner Geschichte besuchen und fotografieren werden?

Der schwedische Geologe und Polarforscher Nils Otto Nordenskjöld wurde 1869 in Sjögle geboren und starb 1928 in Göteborg.

Luftaufnahme von Snow Hill. Unmittelbar vor der steilen Gletscherzunge liegt Nordenskjölds Hütte. In ihr hatte der schwedische Forscher zwei Winter verbracht (1902 und 1903). Die historische Hütte wird heute durch argentinische Wissenschaftler von der Station Marambio aus betreut und erhalten.

*Wenn mich die Gebiete
an den Polen überhaupt etwas gelehrt haben, dann die Geduld.
Richard E. Byrd*

RICHARD E. BYRD UND DAS ROSS-EIS-SCHELF

Am Nachmittag des zweiten Februar taucht am südlichen Horizont die blendend weiße Eistafel des Ross-Schelfes auf. Über der dünnen hellen Linie, die auf dem dunkelblauen Wasser zu kleben scheint, erhebt sich der eisgepanzerte Gipfel des 3.794 Meter hohen Mt. Erebus wie eine zarte Wolke, von der sich aus dem Gipfelkrater aufsteigender grauer Rauch nur schwach abhebt.

Kapitän Heinz Aye steuert die „Bremen“ direkt auf das eisige Hindernis zu, und mit jeder zurückgelegten Seemeile scheint die senkrechte Gletscherwand zu wachsen. Eis, das in den Himmel wächst und bis hinter den Horizont nach Osten und nach Westen reicht. Jetzt sind wir so dicht herangekommen, daß der Betrachter geblendet wird, denn die Abendsonne verwandelt die wildzerklüftete 20 bis 30 Meter hohe Abbruchkante in ein funkelndes Farbenspiel, in dem Blau, Türkis, Grün und Weiß ständig wechseln. Bis zu 10 Meter hohe Eiszapfen glitzern vor schattigen Höhlen und sonnenüberfluteten Ausbuchtungen. Tausend Tonnen schwere Brocken, so groß wie Hochhäuser, lösen sich von der weißen Tafel und stürzen mit Donnergetöse in die wildschäumende Flut. Dort zerspringen sie wie sprödes Glas in unzählige Scherben, während das gischtige Wasser explosionsartig in die Höhe schießt.

Die „Bremen“ hat ihren Südkurs geändert und fährt an der Eiskante entlang nach Westen, in die immer intensiver werdende Abendsonne hinein. Das warme Licht, der ständig wechselnde Blickwinkel, die rollende See, all das erweckt die gewaltige starre Eiswand zu farbigem Leben. Und Leben gibt es auch oben an der Kante; da stehen Adeliepinguine neben doppelt so großen Kaiserpinguinen und schauen verzweifelt in die tödliche Tiefe. Wochenlang sind sie von ihren Kolonien hierher marschiert, zum offenen Meer, das den flugunfähigen Vögeln endlich Nahrung verspricht, und jetzt dieses Desaster! Die für die Pinguine viel zu hohe, senkrechte oder sogar überhängende Abbruchkante, tief unten das kochende Meer voller riesiger Eissplitter und zwischen ihnen lauernde Seeleoparden, die nur auf den tollkühnen Sprung der Pinguine warten. Wer dennoch den todesmutigen Sprung aus der Höhe überlebt und neben dem steinharten Eis in das Wasser stürzt und dabei dem gierigen Seeleopardenmaul entkommen kann, wird vermutlich ein Opfer der Schwertwale, auch Mörderwale genannt, die in großen Gruppen von 10 oder 12 Tieren vor der Eistafel Patrouille schwimmen. Wir beobachten während unserer Fahrt zur Ross-Insel über 60 Schwertwale zwischen unserem Schiff und dem Schelf. Die Fontänen des hochgeblasenen Wassers leuchten, da heben sich die schwarzen Schwanzflossen schwertartig zwischen den Eistrümmern aus dem Meer, und sekundenlang sind auch die mächtigen schwarzweißgezeichneten Leiber der bis zu 10 Meter langen Meeressäuger bei ihren kraftvollen Sprüngen zu sehen.

Das also ist die große Eisbarriere, vor der die ersten Seefahrer unter James Clark Ross 1841 kapitulieren mußten. Ross konnte nicht wissen, daß sich hinter diesem schwimmenden Hindernis ein riesiger Kontinent verbarg: Antarctica. Die Ross-Tafel ist eine gewaltige Eisscholle mit einer Dicke von etwa 800 Metern am Kontinent und etwa 300 Metern an der Abbruchkante, die 20 bis 40 Meter über das Wasser ragt. Ihre Abbruchkante zieht sich vom Südvictorialand im Westen über 750 Kilometer bis zum Marie-Byrd-Land im Osten hin. Landeinwärts mißt sie zum Beispiel am 180. Längengrad 700 Kilometer bis zum Fuß der Königin-Maut-Berge. Teilweise schwimmt sie frei auf dem Ross-Meer, teilweise liegt sie auf Erhöhungen des Meeresbodens, und streckenweise schiebt sie sich auch über festes Land. Diese riesige Tafel bewegt sich als Gletscher ewig und unaufhaltsam auf das Meer zu und wird in ihrem Rücken von riesigen Eisströmen gespeist und vorwärts gedrückt. Die Eisströme wälzen sich von der Hochfläche des Südpols durch die Paßlücken der Randgebirge zum Meer hinunter. Deshalb steht die Eistafel ständig unter Druck und Zug, reißt in Spalten auf, hobelt Hindernisse weg und zerfällt an der Front in Eisberge und Eistafeln, die in der Größe von vielen Quadratkilometern als Tafeleisberge in das südliche Polarmeer treiben. Richard E. Byrd hat diese unheimliche Welt der treibenden Eisberge „des Teufels Friedhof" genannt.

Kleinamerika wird aufgebaut, die Amerikaner beginnen ihre Materialschlacht in Antarctica.

Wenn wir an die klassische Entdeckungszeit der Antarktis denken, dann fallen uns sofort Namen ein wie Roald Amundsen, Robert Falcon Scott und Ernest Shackleton. Viel unbekannter dagegen ist Admiral Richard Evelyn Byrd, der 1929 als erster Pilot den Südpol überflogen hat. Richard E. Byrd gehört für mich zu den ganz großen Helden der Antarktis. Das betrifft seine Führereigenschaften ebenso wie den inneren Drang zur Wissenschaft und seine starke Liebe zu den polaren Zonen im Norden wie im Süden. Byrd hat keinen Schlitten zum Südpol gezogen und auch nicht als erster Mensch irgendeinen Gipfel bestiegen. Er forschte als eher stiller Mann für Amerika und die Welt und suchte dabei sich selbst und fand in der tödlichen Umklammerung der dunklen, eisigen Polarnacht auf dem Ross-Schelfeis die Grenzen seiner Schaffenskraft. Als der Tod seine eisige Hand nach dem fast erstarrten Mann ausstreckte, bat er seine Kameraden nicht um Hilfe, sondern befahl ihnen, sich seinetwegen nicht in Gefahr zu begeben. Richard E. Byrd hat als erster Mensch in der Antarktis, mitten auf der Ross-Tafel, überwintert. Seine Vorgänger hatten das nur am Rande des weißen Kontinents getan, an den Küsten zwischen Meer und Eis, dort wo es noch Leben gibt, im Wasser und auf dem Land. Das ist ein gravierender Unterschied, der die wütenden Schneestürme ebenso betrifft, wie die Temperaturen und natürlich auch die Versorgungsmöglichkeiten; denn an der Küste leben Robben, Pinguine und Seevögel in fast unbegrenzter Zahl. Greenpeace-Mitarbeiter berichten, daß sie im März (das ist der Beginn des antarktischen Winters) am Cape Evans minus 20 Grad gemessen haben und zur gleichen Zeit in McMurdo, mitten im Schelfeis, nur ca. 35 Kilometer Luftlinie entfernt, minus 40 Grad herrschten. Genau dieses Phänomen wollte Byrd im Winter 1934 erforschen.

Im Oktober 1933 fuhr Richard E. Byrd als kommandierender Admiral mit zwei Schiffen zur amerikanischen Forschungsstation Kleinamerika, die am Rande des Ross-Schelfes auf dem Eis stand. An Bord waren neben der Besatzung vier Flugzeuge, 650 Tonnen Ausrüstung und 100 Mann; Wissenschaftler, Mediziner, Techniker und Handwerker für die Logistik. Außerdem hatte Byrd eine Hütte aus Fertigteilen mitgenommen, in der er als erster Mensch den antarktischen Winter fernab von der Küste verbringen wollte.

1933 war ein besonders starkes Eisjahr, es trieb vielmehr Packeis vor der Ross-Tafel als heute während unserer eher sanften Reise durch die wilde Schönheit dieser entlegenen Weltecke. Byrds Schiffe gingen weit draußen an der Packeisgrenze vor Anker, und seine Männer brauchten zwei Monate, um alles Material über einen elf Kilometer langen Weg per Motorschlepper und Hundeschlitten nach Kleinamerika zu schaffen.

„Wir schufteten 24 Stunden täglich und mußten die Straße fortwährend verlegen, um sie den wechselnden Eisverhältnissen anzupassen. Neu aufbrechende Spalten wurden überbrückt, und derweilen hämmerte das Meer gegen den Eisrand hinter uns. Dann wurde es so warm, daß die Leute nackt bis zum Gürtel arbeiteten und die Hunde, von denen wir 150 mitführten, bis zum Bauch im Schneeschlamm keuchten und in der Hitze litten. Fast immer herrschte Nebel, der blasse, boshafte Walbuchtnebel, der keinem anderen mir bekannten Nebel gleicht. Fast milchartig dicht, verwandelt er den Schnee und die Luftschicht in eine Fläche, auf der sich alle Raumverhältnisse scheußlich verzerren." Endlich schien die unmenschliche Schinderei ein Ende zu haben, und die beiden Schiffe dampften rechtzeitig vor dem Winter wieder nach Norden, aber begleitet von manchem Mißgeschick: Der Funktechniker fiel von einem zwölf Meter hohen Sendeturm. Der Luftbildfotograf erkrankte an Blinddarmentzündung, und schließlich stürzte eines der Flugzeuge direkt vor Kleinamerika ab. Alle Männer, der Funker, der Fotograf und die vier Besatzungsmitglieder des Unglücksflugzeuges kamen mit dem Schrecken und mit dem Leben davon. Doch plötzlich schien die Welt unterzugehen im wahrsten Sinn des Wortes. Ein gewaltiges Schelfbeben erschütterte wie Kanonenschläge die Ross-Tafel, und Kleinamerika drohte als Scholle davonzuschwimmen. Byrd ließ ein Drittel der Ausrüstung eine Meile weit weg vom Lager auf sicheres Gelände schaffen, um dort notfalls in Zelten überwintern zu können. All diese dramatischen Ereignisse führten dazu, daß Richard E. Byrd seinen Plan, zusammen mit zwei weiteren Männern mitten auf der Ross-Tafel zu überwintern, fallen ließ und den Vorposten, etwa 200 Kilometer von der Schelfeiskante entfernt, alleine bezog. Motorschlepper brachten die Hütte an den Überwinterungsplatz. Sie wurde in ein ausgehobenes Schneeloch gesetzt, in dem die Männer das gesamte Material (Brennstoff, Proviant und Meßgeräte) lagerten. Das Thermometer zeigte minus 55 Grad, und es dauerte immer mehrere Stunden, bis die Schleppermotoren trotz Segelschürzen nach ersten Umdrehungen anfingen zu laufen. Das Öl war in den Motoren zu einer gummiartigen Masse erstarrt und mußte mit Lötlampen erst aufgetaut werden, und sobald die Männer ihre Fäustlinge von den Fingern zogen, um irgendein Metallteil einzustellen oder zu richten, blieb ihre Haut daran kleben. Das Aufbauen der vorgefertigten Hütte geschah bei minus 52 Grad beim hellen Licht von Preßgaslaternen, deren Petroleum aber schließlich erstarrte. „Als Tinglof seine Hand entblößte, um einen Stift einzutreiben, sah ich seine Haut mit üblen gelben Blasen bedeckt. Ebenso erging es Siple, der den Ofen zusammenfügte. Seine Hände verwandelten sich in geschwollene Klumpen. Ich sah, wie er sich auf die Lippen biß, um den Schmerz zu unterdrücken." Schließlich stand der einsame Vorposten auf 80°08' südlicher Breite und 163°57' westlicher Länge genau auf einer Linie zwischen Kleinamerika und dem Südpol.

Das Wrack der abgestürzten Fokkers direkt neben dem Stützpunkt Kleinamerika.

Das Kommando im Hauptlager hatte Byrd seinem Freund Poulter übergeben, und am 28. März verließen die letzten Männer der Hilfsmannschaft die Einsiedelei im Eis. Richard E. Byrd blieb als erster Mensch mitten auf der Ross-Tafel in der Dämmerung der aufziehenden Polarnacht alleine zurück.

Byrd begann mit seinen regelmäßigen Aufzeichnungen von Temperatur, Windgeschwindigkeit und -richtung und beobachtete ständig das Südlicht. Ihm standen dafür wichtige Instrumente zur Verfügung: acht Wettermelder, ein Windschreiber, zwei Wärme- und ein Luftdruckschreiber u.a.m.

Der elektrische Stromkreis wurde von Trockenzellen gespeist. Ein Uhrwerk, das Messingtrommeln antrieb, mußte täglich enteist werden. Das Thermometer enthielt Weingeist, der bis minus 115 Grad flüssig bleibt, während Quecksilber bei minus 38,9 Grad gefriert. Außerdem gab es noch andere Gerätschaften, in die sich Byrd vor seiner Überwinterung einweisen ließ, denn er war ja kein ausgebildeter Wissenschaftler, sondern Marineoffizier und Pilot. „Sollte ich mir eingebildet haben, Herr im eigenen Hause zu sein, so wurde dieser Wahn bald zerstreut. Ich war der Dienstknecht der Gerätschaften; und der Umstand, daß ich so wenig von ihnen wußte, steigerte das Gefühl der Demut.“

„Gegen ein Uhr früh stieg ich kurz vor dem Schlafengehen an die Oberfläche, um Ausschau zu halten. Die Nacht wölbte sich weit und klar. Zahllose Sterne funkelten am Himmel; noch nie hatte ich ihrer so viele gesehen. Es war, als brauchte man nur die Hand auszustrecken, um sie mit Edelsteinen zu füllen. Ein roter Riesenmond war inzwischen aus dem nördlichen Viertel verschwunden. Überall die Sterne eines Seemannshimmels, den das Kreuz des Südens, Orion, das Dreieck und die Kleine Wasserschlange beherrschten. Verzaubert betrachtete ich den Umlauf der Gestirne. Und alles dies gehörte mir allein, die Sterne, die Sternbilder, sogar die Erde, wie sie um ihre Achse schwang. Wenn tiefer innerer Frieden und große Fröhlichkeit beisammenwohnen können, dann in einer Nacht wie dieser, die ich allein auf Gottes weiter Flur genoß.“

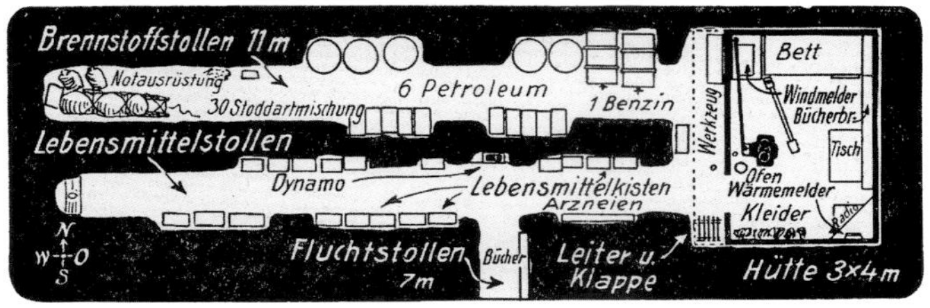

Grund- und Aufriß der einsamen Wetterstation von Richard Byrd.

12. April „Die Sonne ging heute um 9.30 Uhr auf, ohne den Kim zu verlassen. Wie ein mächtiges, träges, rotes Rad rollte sie auf dem Rand der Eistafel zweieinhalb Stunden dahin, bis mittags Aufgang und Untergang zusammenfielen. Dann zog sie nochmals zweieinhalb Stunden weiter, bis sie versank und nur noch blutrote Glut hinterließ. Ein unirdisches Zwielicht verbreitete sich über die Landschaft. Dahinein schießen Flammen wie aus einem Feuerschlund, und der Schnee leuchtet wie flüssige Farbenglut.“

„Der Nachmittag kann so klar sein, daß man kein Geräusch zu machen wagt, aus Furcht, die zarte gläserne Stille zu zerbrechen. An solch einem Tag sah ich das Himmelsgewölbe wie eine Kristallschale zerspringen und in farbenglitzernde Teilchen zerstäuben. Das waren Eisnadeln, die vor der Sonne tanzten. Im goldenen Staubregen schoß einmal ein schmaler Silberstreif aufwärts, der Sonne mitten durchs Herz. Quer dazu ergänzte ein anderer das Kreuz. Dann hängten sich kleine grüne und gelbe Sonnen an die Enden des Kreuzbalkens. Dieser Hof mit den Nebensonnen gehört zu den überwältigendsten aller Schauspiele, die dieser Himmel zu bieten vermag.“

Eines Tages merkte Byrd, daß seine Lampe in der engen Hütte unangenehme Dämpfe entwickelte; daher entschloß er sich, sie in der inzwischen schwarzen Polarnacht nur noch brennen zu lassen, wenn er wissenschaftliche Eintragungen durchführen mußte. „Ich sehne mich nach Licht wie der Verdurstende nach Wasser. Die Lebensflamme dieser Lampe erheitert die Abendstunden und verleiht mir das Gefühl großen Reichtums.“

Die Panne mit der Lampe war nur der Anfang einer grauenhaften und qualvollen Leidenszeit in einsamer Polarnacht. Da das Ofenrohr vereiste, strömten giftige Gase in den engen Raum. Bald wußte Byrd, daß er sich eine akute Kohlenmonoxydvergiftung eingehandelt hatte. Der einsame Mann wurde von Erstickungskrämpfen, Kopfschmerz, Übelkeit und Schwindel heimgesucht und verlor doch kein Wort darüber während seiner regelmäßigen Funkgespräche mit Kleinamerika – aus Furcht, man würde dort eine Rettungsmannschaft auf den gefährlichen Weg schicken und die Männer würden sich seinetwegen in höchste Lebensgefahr begeben.

Die Sache mit der regelmäßigen Funkverbindung klingt simpel und einfach, in Wahrheit war es eine unglaublich harte Schinderei. Zwei Stunden vor der fest vereinbarten Funkzeit begann Byrd mit den Vorbereitungen. Der mit Benzin betriebene Stromerzeuger für den Sender stand vor der Hütte im Schneeloch. Um die Maschine vor dem Anlassen aufzuwärmen, stellte der kranke Mann das schwere Gerät anderthalb Stunden auf einen Stuhl neben dem Ofen, füllte den Tank mit einer Mischung aus Benzin und Schmieröl und schleppte den Motor wieder ins Freie, um ihn anzukurbeln, bevor er wieder kalt wurde. Jetzt erst floß Strom, und die Funkerei konnte beginnen. Byrd las trotz der gefährlichen Krankheit regelmäßig alle Instrumente ab. Den Ofen ließ er nur noch stundenweise brennen; nachts wurde überhaupt nicht mehr geheizt, so daß die Hütte morgens vor Kälte klirrte, denn Byrd schlief wegen seiner Vergiftung bei offener Tür. Beim Aufstehen schwankte die Raumtemperatur zwischen 23 und 40 Grad unter Null je nach der Außenkälte. Socken und Stiefel waren durch den Körperdunst an jedem Morgen steifgefroren.

„Der vor Kälte starrende Docht nimmt die Flamme selten sofort an. Sie flackert auf und geht aus, flackert und geht aus. Allmählich entwickelt sich das Licht aus dem Docht und wirft einen Schimmer in den Raum. Nach üblichen Begriffen dürfte es ein erbärmliches Licht sein, aber die schwache Leuchte bedeutet mir ein tägliches Wunder. Mit dem Lichte beginnt der Tag; der Geist entflieht der Finsternis, und der Leib löst sich aus der Starre." Schließlich konnte Byrd keine Nahrung mehr zu sich nehmen und trank nur noch Wasser mit Milchpulver vermischt. „Die Todesfurcht überwältigt den Menschen für eine Weile; dann schiebt er sie ab wie einen murmelnden Bettler."

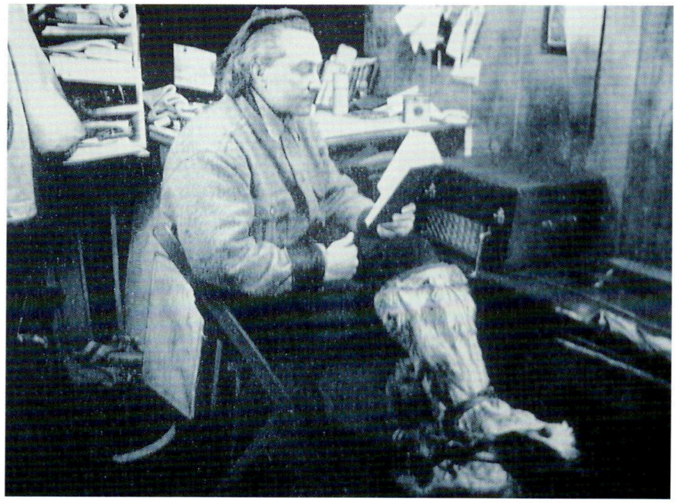

Musik am Abend, Byrds Hauptgenuß nach der Tagesarbeit.

Die Sehnsucht nach Licht steigerte sich, aber Byrd wagte nicht, die Gasdrucklampe in Gang zu setzen. Trotz des Ernstes seiner Lage vermerkt Byrd durchaus heitere Gedanken in seinem Tagebuch. „Ich werde zerstreut. Gestern tat ich Zucker in die Suppe; und heute leerte ich einen Löffel Maismehl auf den Tisch, wo der Teller stehen sollte. Zu einer Mordgeschichte konnte ich die entscheidenden Fortsetzungen nicht finden. Daher wandte ich mich den Liebesgeschichten zu, die mich daran gemahnten, daß es irgendwo noch eine Welt vergnüglicher Erlebnisse gibt."

Trotz seines von Tag zu Tag ernster werdenden Zustandes las Byrd die Instrumente gewissenhaft ab. Als er um Mitternacht die Hütte verließ, um das Südlicht zu beobachten, bekam er einen Erstickungsanfall. Vergeblich schnappten Byrds Lungen nach Luft, und erst nach Rückkehr in der Hütte fand er die Erklärung. Die ungeheure Kälte des Ostwindes hatte ihm die Luftröhre gelähmt. Schließlich veranlaßte eine Sturmdrohung den geplagten Mann, erneut seinen Schlafplatz zu verlassen und nach draußen zu gehen. „Der aufkommende Schneesturm bietet ein Erlebnis eigener Art. Der Wind scheint aus dem Nichts zu springen; dann löst sich die Eiswelt aus den Fesseln der Stille. Die bisher so harte und glatte Oberfläche beginnt zu laufen wie eine zunehmende See. Manchmal rasen die Schneewirbel wie turmhohe Wolken einher. Manchmal huschen sie schlangengleich über den Boden. Die Eiskristalle erfüllen die Luft mit kratzenden und raschelnden Lauten. Zuweilen hatte ich eine undurchdringliche weiße Wand vor Augen, sah aber die Sterne durch leichte Schleier winken, wenn ich aufblickte."

Eine andere erschütternde Tagebuchaufzeichnung beschreibt, wie Byrd durch kalten Schnee oder mit durch Erhitzung des Schnees gewonnenem Wasser den quälenden Durst zu stillen versucht, wie aber der kranke Magen die Flüssigkeit verweigert. „Nie gekannte Wellen der Angst überfielen mich und überschwemmten die Tiefen der Seele. Doch fürchtete ich weder die Leiden, noch den Tod, sondern nur die Trauer meiner Lieben, wenn ich nicht mehr heimkehrte. Welch verruchter Einfall hatte mich bewogen, in diese Todesfalle zu gehen."

4. Juli „Bei tiefer Kälte zwischen 45 und 50 Grad unter Null springt gelegentlich ein Wind auf, dessen scharfer Atem einem die Haut vom Gesicht schindet. Der Erfrierungstod muß ein merkwürdiges Erlebnis sein. Manchmal fühlt man sich in der Kälte pudelwohl, wenn man nämlich den Zustand der Gefühllosigkeit erreicht hat. Dann ist man gegen Schmerzen gefeit wie der Mensch im Opiumrausch."

7. Juli „Alles, mich einbegriffen, ist mit Kälte getränkt und gesättigt. Zwei ganze Wochen hindurch hat der Wärmeschreiber zwischen 40 und 50 unter Null

geschwankt. Als ich kürzlich die Taschenlampe auf die Wärmeuhr im Zimmer richtete, wies der Zeiger auf nahezu minus 55 Grad." Richard E. Byrd fühlte sein Ende nahen und schrieb Abschiedsbriefe an seine Frau und an Freunde. „Das einzige, wozu ich mich noch entschlossen aufraffen konnte, war ein Brief an meine Frau. Vor allem wollte ich ihr begreiflich machen, warum ich Kleinamerika nicht von meiner Lage unterrichtet hatte. Der Drang zum Schreiben verlieh mir Kraft. Nach den ersten Zeilen beruhigte sich das Gemüt. Ich beendete den Brief und mußte an Scotts letzten Eintrag im Tagebuch denken: 'Um Gottes Willen - sorgt für unsere Hinterbliebenen!' Oft hatte ich über diesen schlichten Satz nachgedacht, aber nur verstandesgemäß. In dieser Nacht offenbarte sich mir, was Scott sagen wollte. Ich fand es traurig, daß Menschen erst Ungeheuerliches erleben müssen, um solch einfache Wahrheit zu begreifen." ... „Ich umwickelte diese letzten Verfügungen mit einer Schnur und hängte sie an den Nagel, an dem gewöhnlich die Laterne baumelte."

Admiral Byrd beim Funken mit dem Hilfssender

Während der noch immer mit letzter Kraft stattfindenden Funkgespräche verlor der tapfere Mann kein einziges Wort über seinen bedrohlichen Zustand. Schließlich fiel Byrds Funkgerät aus. Byrd besaß ein Notfunkgerät. Auch dieses Gerät versagte schon bald seinen Dienst und wurde ein Opfer der klirrenden Kälte. Byrd reparierte das Gerät, dabei riß ihm der Frost die Haut von den Fingern. Endlich kam wieder eine Verständigung zustande und Byrd meldete an Kleinamerika, daß bei ihm alles in Ordnung sei. Der verzweifelte Mann log, um niemanden in Gefahr zu bringen. Die Männer in Kleinamerika hatten längst Verdacht geschöpft, verschwiegen ihrerseits aber die Absicht einer Rettungsexpedition. Sie würden im Juli keine Rettungsexpedition, sondern eine wissenschaftliche Fahrt zum Vorposten starten, um Sternschnuppen zu beobachten.

Die schließlich gestartete Rettungsexpedition blieb aber im undurchdringlichen Spaltengewirr, nur 86 Kilometer von Kleinamerika entfernt und bei 60 Grad unter Null, stecken. Dann fiel das Thermometer auf minus 63 Grad. Der Frost verklebte Byrds Wimpern, und er glaubte beim Ablesen der Instrumente, nun sei er auch noch blind geworden.

Am 23. Juli kroch endlich die Sonne wieder so hoch, daß man gegen Mittag eine schwache Morgenröte am Horizont erkennen konnte. Die zweite Rettungsexpedition war unterwegs, aber die Stürme der Polarnacht, die „so schwarz war, wie die Rückseite des Mondes", hatten die Orientierungsfahnen teilweise verweht. Die Männer der Rettungsexpedition ließen sich immer wieder neue Tricks einfallen, um ihre Richtung in der Dunkelheit zu halten. So bauten sie hohe Schneetürme im Abstand von 150 Metern und setzten Lampen darauf. Ständig nach hinten peilend, brachten sie nun die Lichter zur Deckung und konnten dadurch die Richtung halten, bis die Nacht alle Wegzeichen verschlang. Jetzt ging das Spiel von vorne los. Byrd hörte den Funk der Rettungsexpedition mit und zündete Benzindosen neben seiner Hütte an.

Am 6. August streikten in dem Schlepper Kupplung und Keilriemen, die Retter kehrten um, und Byrd blieb weiter allein. Per Funk gab der todkranke und fast erfrorene Mann nur durch, daß die Männer vernünftig gehandelt hätten, „denn nichts sei in der Antarktis verderblicher als Hast!"

Am 8. August brachen drei Männer zu einem dritten Rettungsversuch zum Vorposten auf und erreichten am 11. August 1934 den vergifteten und total geschwächten Admiral, der seine Retter und Freunde begrüßte: „Nur herein, die heiße Suppe wartet schon."

Dann brach Byrd vor der Hüttentür zusammen. Diese dramatische Geschichte gehört zur Ross-Tafel, an der vorbei wir in den goldenen Abend treiben.

Tafeleisberg in der Ross-See vor dem Eis-Schelf

Bei uns wird jetzt gleich im warmen Restaurant das Dinner serviert – mit fünf Gängen – und danach steht noch eine Anlandung auf dem Programm, auf Bird Island vor der Ross-Insel, wo uns Tausende von Adeliepinguinen erwarten. Das ist ein großartiges Schauspiel, aber ich blicke oft nach Süden, in die Eisflanken des Mt. Erebus und zum Schelfeis, wo Männer litten und kämpften, um der Wissenschaft neue Wege zu weisen. Ohne ihren Forscherdrang wäre eine Luxusreise, wie wir sie hier in der Antarktis durchführen, gar nicht möglich geworden. Schon deshalb sind wir Männern wie Richard Evelyn Byrd und allen anderen Pionieren zu großem Dank verpflichtet.

In diesen Hütten lebten sie in einer brüderlichen Gemeinschaft, von diesen Hütten gingen sie aus zu großen Abenteuern, zu streben, zu suchen, zu finden und nicht zu weichen.
Captain Robert Falcon Scott

DREI HÜTTEN AUF DER ROSS INSEL

Heute ist der Himmel strahlend blau und wolkenlos. Ein wunderschöner klarer Herbsttag in der Antarktis, in wenigen Wochen werden hier die Winterstürme losbrechen. Am Fuß des ruhig vor sich hinrauchenden Vulkans Mt. Erebus liegt das kleine eisfreie Cape Royds mit der historischen Hütte von Shackleton und seinen Männern. Die „Bremen" hat schon vor dem Frühstück die Arrival-Bay erreicht, und unser Scoutboot prüft die Anlandungsmöglichkeiten. In Hüttennähe gibt es zuviel Treibeis, auf dem sich Robben sonnen, aber eine halbe Meile westwärts sieht es besser aus. Zusammen mit Gerald gehen meine Frau Renate und ich an Land und suchen einen sicheren Weg zur Hütte, den wir jeweils in Sichtweite mit roten Fähnchen markieren. Schon nach 20 Gehminuten stehen wir vor einem unglaublichen Panorama. Hinter unserem Rücken liegt der völlig vergletscherte Vulkan, vor uns aber eine fast liebliche Mulde mit einem kleinen See, dem Pony Lake, und der südlichsten Kolonie von Adeliepinguinen. In der Mulde liegt Shackletons Hütte, geschützt durch leichte Hänge, umgeben von zerbrochenen Kisten, rostigen Dosen und Ausrüstung aller Art. Das Ross-Meer liegt blau und windstill da, und am Horizont leuchten die weißen Bergspitzen des Viktorialandes.

Unser neuseeländischer Begleiter Michael Prebble, der heute früh mit dem Helikopter aus Scott Base gekommen ist, hat den Hüttenschlüssel mitgebracht. In der Hütte muß man sich einen Moment an die Dunkelheit gewöhnen, bevor wir Details erkennen: Die Doppelkojen der Männer, den kleinen Wohnraum von Sir Ernest Shackleton mit seinem Bett, den alten Ofen und die Porträts von König Edward VII und Königin Alexandra an der Wand. Jeder Gegenstand erzählt hier seine eigene Geschichte, und wir haben den Eindruck, als wäre alles erst gestern passiert, als hätten die Männer kurz vor unserem Eintreffen die Hütte verlassen, etwas hastig zwar, so als wären sie nur mal eben vor die Tür gegangen. Aber dieser Eindruck täuscht. Nicht Shackleton hat hier als letzter gewohnt, sondern viele Menschen, die diese Hütte immer wieder neu gestaltet haben. Und weil das so ist und viele Besucher dieses historischen Ortes glauben, hier nur die noch immer frischen Spuren des „Boß" zu finden, möchte ich ausführlich auf die Geschichte dieser Hütte eingehen. Ebenso auf die beiden „Nachbarhütten", deren Geschichte von dieser nicht zu trennen ist. Gegen Mittag erreichen wir Cape Evans, wo die Winterhütte von Scott steht, größer und komfortabler als die von Shackleton. Während der Kapitän versucht sicheren Ankergrund zu finden, fahren wir an Land. Kaum stehen wir in der zweiten Hütte, ruft uns Kapitän Aye zurück, weil er keinen guten Ankerplatz gefunden habe. Wir „dampfen" weiter nach Süden und versuchen, durch den Eiskanal einen Weg nach McMurdo zu finden, um am Abend bei besseren Windverhältnissen einen zweiten Landeversuch vor Scotts Hütte zu unternehmen.

Der englische Marineoffizier James Clark Ross, der bereits zusammen mit seinem Onkel John Ross den nördlichen Magnetpol und Teile der Nordwest-Passage entdeckt hatte, startete 1838 mit den Schiffen „Erebus" und „Terror", um den Magnetpol auf der Südhalbkugel zu suchen. Als erster Kapitän durchbrach er das dicke Packeis und fuhr in die nach ihm benannte Ross-See hinein.

Das nörliche Kap des Victoria-Landes taufte Ross nach seinem Freund Viscound Adare. Am 27. Januar 1841 sichtete er einen hohen Berg und stellte erstaunt fest, daß es sich um einen rauchenden Vulkan handelt. Ross fand nicht heraus, daß der Vulkan auf einer Insel, der Ross-Insel, liegt. Schließlich landete er vor der Eisbarriere und fand im Westen eine Bucht, die er nach seinem ersten Offizier auf der „Terror“ McMurdo Bucht nannte. Die Bucht ist heute der McMurdo-Sound. Die Ross-See liegt zwischen dem Victoria-Land im Westen und dem Marie-Byrd-Land im Osten und reicht bis zum Eis-Schelf, das sich als gewaltige Barriere bis 85°Süd erstreckt, also bis an den Fuß des Transantarktischen Gebirges, hinter dem das Pol-Plateau in etwa 3.000 Meter Höhe liegt. Die Ross-See kerbt sich im Süden Neuseelands tief in den antarktischen Kontinent hinein und stellt so eine ideale Basis zur Erkundung des Landesinneren dar. Während Scott und Shackleton ihre Hütten auf die Ross-Insel bauten, fuhr Amundsen an der Eiskante 400 Meilen weiter nach Osten und stellte sein Framheim, ebenso wie später Byrd sein Little America, auf das Eis-Schelf. Amundsens Hütte Framheim wurde nach seiner erfolgreichen Südpolexpedition nie mehr gesehen. Leider gelang Ross keine Anlandung auf dem antarktischen Kontinent. Aber am 23. Januar 1895 landete die „Antarctic“ in der Robertschen Bucht am Cape Adare, und der Matrose Carsten Egeberg Borchgrevink ging dort als erster Mensch an Land des Siebten Kontinents. 1889/90 führte Borchgrevink eine eigene Expedition mit der „Southern Cross“ durch und baute am Cape Adare die erste Hütte, um in ihr zusammen mit 9 Männern zu überwintern.

Die „Discovery“ nach ihrem ersten Winter vor Hut Point.

1902 segelt Captain Scott auf der „Discovery“ in die Ross-See und landete zunächst ebenfalls am Cape Adare. Man fand die Hütte Borchgrevinks unversehrt, aber Cape Adare liegt als Basis für einen Vorstoß zum Pol viel zu weit im Norden. Scott fand den McMurdo-Sound fast eisfrei und fuhr in ihn hinein bis zur Eis-Schelf-Kante, der Barriere. Dort, am südlichsten Ende der Ross-Insel, baute er seine erste Überwinterungshütte, die Discovery-Hütte. Den Platz nannte Scott Hut Point. Zusätzlich zur Haupthütte wurden zwei kleine Schuppen für die magnetischen Meßinstrumente aufgebaut. Für den Winter rüsteten sie sich aber auf dem Schiff ein, denn man stellte fest, daß die Hütte wegen ihrer Größe schlecht beheizbar war und eine erträgliche Arbeitstemperatur in ihr nicht erreicht werden konnte. So benutzte man die Hütte u.a. zum Trocknen von gewaschener Kleidung. In späteren Jahren baute Scott seine Überwinterungshütte im Norden der Ross-Insel auf Cape Evans und Shackleton im Westen auf Cape Royds, weil der McMurdo-Sound oft vereist ist und für jedes Schiff ein großes Risiko darstellt. Dennoch wurde von allen klassischen Nachfolgeexpeditionen die Discovery-Hütte am Hut Point, obwohl unbeheizt und für kleine Gruppen viel zu groß, rege genutzt und als „vorgeschobene Basis“ angesehen. Von Hut Point geht es ohne Probleme direkt auf das Eis-Schelf hinauf, dem „Highway zum Pol“.

Shackleton plante zunächst, die Discovery-Hütte für seine Überwinterung zu nutzen, bekam aber von Scott, der ihn jetzt als Rivalen sah, keine Erlaubnis dafür. Er baute also 1908 seine eigene Hütte auf Cape Royds. Schon vor seiner Ankunft in Cape Royds schickte Shackleton Adams, Joyce und Wild zur Erkundung nach Hut Point. Die Männer fanden die Discovery-Hütte in schneefreiem Zustand.

Im Frühjahr, also noch vor dem antarktischen Winter, lagerte Shackleton trotz Scotts Verbots in der Discovery-Hütte Proviant, Öl und Geräte für seine Polreise ein und schlief mit seinen Männern in Scotts Hütte, bevor er am 2. November 1908 endgültig aufbrach.

Als die Shackleton-Expedition, ohne den Pol erreicht zu haben, nach einem dramatischen Finale vom Eis-Schelf zurückkam, benutzte sie die Discovery-

Hütte wieder als ersten Zufluchtsort. Hier wartete auch sein Schiff, das fast ohne die Männer abgefahren wäre.

Scott kehrte 1911 in die Antarktis zurück und baute sein neues Winterquartier auf Cape Evans zwischen Hut Point und Cape Royds, weil der McMurdo-Sound voller Eis war. Auch er machte sich schon bald auf den Weg nach Hut Point und fand seine alte Hütte voller Schnee, der durch ein zerbrochenes Fenster eingedrungen war. Scott ließ die Hütte säubern und reparieren und nutzte sie ebenfalls als Ausgangsbasis beim Anlegen seiner Depots und für den endgültigen Start zu seinem tragischen Todesmarsch zum Pol am 3. November 1911.

Eine Gruppe von Scotts Expedition lebte sechs Wochen in der Discovery-Hütte, weil der Weg nach Cape Evans durch freies Wasser unterbrochen war. Eine Überlandreise zwischen Cape Evans und Hut Point ist wegen der zerklüfteten Gletscherzungen fast unmöglich. Die Männer bauten sich eine innere Hütte aus Packkisten mit einem primitiven Herd aus einer leeren Kerosindose, in der sie Seehundfett (Blubber) verbrannten.

Bowers, Wilson und Cherry-Garrard (v.l.n.r.) kehren von der „schrecklichsten Reise der Welt“ nach Hut Point zurück.

Anfang August 1911 kamen Wilson, Bowers und Cherry-Garrard vom Cape Crozier, „der schrecklichsten Reise der Welt“ zurück und übernachteten auch auf Hut Point. Auch sie bauten ihr Zelt mitten in der Hütte auf, das erschien ihnen nach all den Strapazen „warm und sehr komfortabel“.

Von Hut Point aus startete ebenfalls die Suchexpedition, die am 12. November 1912 das Zelt mit den Leichen von Scott, Wilson und Bowers fand. Nach Scotts Pol-Tragödie wollte Shackleton 1914 den antarktischen Kontinent erstmals durchqueren. Er selbst fuhr mit der „Endurance“ in die Weddelsee und schickte Kapitän Aeneas Mackintosh mit der „Aurora“ in den McMurdo-Sound. Die Ross-See-Mannschaft sollte Depots bis zum Beardmore-Gletscher anlegen. Die „Endurance“ wurde vor Erreichen des antarktischen Festlandes vom Eis zerdrückt, und Shackleton rettete sich mit seiner Mannschaft nach Elephant Island. Die Ross-See-Mannschaft unter Mackintosh legte gemäß ihrem Auftrag die Depots an und benutzte dabei Scotts Hütte auf Cape Evans ebenso wie die Discovery-Hütte am Hut Point. Mackintosh legte noch vor dem Winter Depots bis 80° an und kam am 25. März 1915 zu Dritt zurück nach Hut Point. Dort traf er noch weitere drei Männer der Ross-See-Mannschaft. Sie verbrachten zwei Monate in der unfreundlichen Discovery-Hütte und warteten, bis das Eis sicher genug für den Rückweg wurde. Von Cape Evans setzte man die Depot-Aktionen fort und erreichte am 18. Januar den 82. Breitengrad am Fuße des Beardmore-Gletschers. Während dieses Unternehmens erkrankte Mackintosh an Skorbut und mußte allein in einem Zelt zurückgelassen werden, wurde aber später nach Hut Point geholt. Hier mußten er und seine Retter zwei Monate in der kalten Trostlosigkeit der Discovery-Hütte warten, bis der Weg nach Cape Evans wieder frei war! Am 8. Mai brachen Mackintosh und Hayward nach Norden auf. Sie gerieten in einen schweren Schneesturm und kamen nie in Cape Evans an.

Mitte Januar 1917 tauchte plötzlich die „Aurora“ vor Cape Evans auf. Shackleton war an Bord, um seine Männer – oder die Überlebenden – abzuholen. Die „Aurora“ war zehn Monate im Eis eingeschlossen und nach Norden getrieben; dann segelte sie als halbes Wrack nach Neuseeland. Shackleton hatte inzwischen in einem Rettungsboot Südgeorgien erreicht und war dann weiter nach Chile gefahren. Dort trieb er ein Schiff auf, um seine Männer von Elephant Island zu retten. Er fuhr nach England zurück und wieder nach Neuseeland, um ebenfalls die Ross-See-Mannschaft auf Cape Evans zu bergen. Aus dieser dramatischen Geschichte ist Scotts Hütte am Hut Point nicht wegzudenken.

1908 wollte Shackleton sein Winterquartier wieder so weit wie möglich im Süden aufschlagen, aber der McMurdo-Sound war dicht, und deshalb suchte er an der Westküste der Ross Insel einen geeigneten Platz. Scott hatte die dunkle Felsnase nach dem ersten Lieutenant der „Discovery“ Cape Royds benannt. Dort ging die „Nimrod“ am 5. Februar 1908 neben dem Eis der Arrival-Bucht vor Anker.

Wie wir aus Tagebuchaufzeichnungen von Shackleton erfahren, gab es in der Arrival-Bucht schon damals tausende Pinguine, die Fremdlinge mit ihrem heiseren Geschrei begrüßten, wie heute. Shackleton fand, daß Cape Royds einen ausgezeichneten Landungsplatz hatte. Auch genügend Raum für die Hütte, Ställe für die Ponys und die Vorräte war vorhanden. Angesichts dieser idealen Lage für die Quartiere und auch zufriedenstellender Verhältnisse, wie Süßwasservorrat aus einem kleinen See, der vor dem kleinen Tale lag, beschloß er, sofort mit der Landung der Ausrüstung zu beginnen. Nur ein Punkt machte ihm einige Sorgen, und das war die Frage, ob die See zwischen dieser Stelle und Hut Point zur rechten Zeit zufrieren würde und man im nächsten Frühling bei Antritt der südlichen und westlichen Reisen hinüberkommen könne. Vorräte, Geräte und die Bauteile wurden auf das Eis entladen und bei Cape Royds an Land gebracht. Am 22. Februar segelte die „Nimrod“ nach Neuseeland zurück, und 15 Männer blieben in ihrer Hütte zurück. Shackleton schwärmte von dem gleichen Ausblick, den wir heute früh genossen haben: „Von der Tür unserer Hütte sahen wir nach Nordwesten. Dort haben wir eine wunderschöne Sicht auf den Sound und die westlichen Berge. Direkt vor der Tür liegt ein kleiner See, den wir Pony Lake nennen.“

Shackleton brachte das erste Auto in die Antarktis - ohne Erfolg.

Über sein Haus schreibt Shackleton: „Es war keine geräumige Unterkunft für 15 Leute, aber unser enges Quartier war wärmer als die viel größere Hütte auf Hut Point.“

Außer der Haupthütte wurden noch zwei kleine Proviantschuppen gebaut und ein Stall für die Ponys, dazu noch ein Hundezwinger und etwas entfernt auf einer Anhöhe die meteorologische Station. Innerhalb der Hütte gab es etliche Doppelschlafplätze, ein einziges Zimmer, das für Shackleton bestimmt war, und eine Dunkelkammer für den Fotografen, einen großen Eßtisch aus Kistenbrettern, der an die Decke gezogen werden konnte. Auch andere Möbel wurden durch Kisten ersetzt. Wenn der Ofen einmal in Gang war, wurde es richtig gemütlich in der Hütte. Aber in den ersten Tagen, so berichtet Prof. David, gefror die Tinte beim Schreiben und das Obst in den Einmachgläsern. Kalt oder nicht, die Hütte wurde Heim für eine Schar von Männern, die außerhalb ihrer Wände mit einer grausamen Natur zu kämpfen hatten, lange Wochen und unendlich lange Monate. Nach einem ersten Forschungsausflug notierte Prof. David: „Köstlich, luxuriös, alle Bequemlichkeiten antarktischer Zivilisation. Oh, du Luxus trockener Decken nach einem steifen und nassen Schlafsack!“ Nach der Tagesarbeit sorgten Bücher, ein Grammophon und Spielkarten für einen angenehmen Feierabend.

Am 5. Oktober 1908 starteten Prof. David, Mawson und Mackay von Cape Royds aus zum magnetischen Südpol. Shackleton, Adams, Wild und Marshall verließen die Hütte am 29. Oktober und traten ihren weiten Weg zum Pol an, und am 9. Dezember brachen Armytage, Priestley und Brocklehurst zu einer geologischen Expedition zu den westlichen Bergen auf.

Drei Jahre später kam Scott wieder und baute sein Winterquartier auf dem nur 8 Meilen entfernten Cape Evans. Fünf seiner Männer besuchten Cape Royds und berichteten: „Wir betraten die Hütte voller Neugier, wir öffneten ein Fenster. Alles sah so aus, als wäre sie am Tage zuvor noch bewohnt gewesen. Auf dem Tisch stand eine Mahlzeit: Dosenmilch, Biskuits, Marmelade und Lebkuchen. Die schmeckten übrigens noch ausgezeichnet.“

Einige andere Gruppen der Scott-Expedition übernachteten für kurze Zeit in „Cape Royds“, selbst Scott besuchte die Hütte.

Bei guten Verhältnissen konnte man Cape Royds in zwei Stunden von Cape Evans aus mit einem Hundegespann erreichen.

Die Ross-See-Mannschaft der zweiten Shackleton-Expedition hatte Cape Evans als Basislager gewählt. Im August 1916 zogen Joyce, Gaze und Jack mit Hundeschlitten nach Cape Royds: „Die Hütte war zugeschneit, aber wir befreiten sie vom Schnee. Alles in der Hütte war piksauber. Dann begannen wir, Kisten auszugraben und fanden Lachs, Heilbutt und Butter – alles in allerbestem Zustand, obwohl sie schon acht Jahre dort lagen." Sie nahmen Nahrung für viele Monate mit „hinüber" nach Cape Evans. „Ein Geschenk des Himmels".

Joyce lebte später drei Monate lang auf Cape Royds und häutete Pinguine, Seeleoparden und Riesensturmvögel für seine zoologische Sammlung. Danach blieb die Hütte 30 Jahre lang unbewohnt und unbesucht und trotzte Wind, Wetter und Schnee.

Scott (am Tischende) feiert seinen letzten Geburtstag in der Hütte.

Als Scott 1911 auf der „Terra Nova" in die Antarktis reiste, konnte er sein altes Winterquartier auf Hut Point nicht erreichen. Das Kap, die „Skuary", tauften sie jetzt in Cape Evans um; nach seinem zweiten Offizier, Lieutenant E.R.G.R. Evans, später als Admiral Lord Evans bekannt. Hier wollte Scott seine Hütte direkt am Strand aufstellen. Mehrere kleine eisfreie Hügel würden sie von Südwesten schützen. Während der Bauzeit lebten die Männer in Zelten am Strand, und für den Lastentransport vom Schiff zum Land benutzten sie Motorschlitten, die Material für den Hüttenbau, Futter für Pferde und Hunde, Kohle und Proviant für zwei Jahre eine Meile weit über das gefrorene Meereis beförderten. Das Wetter war herrlich, und nach einer Woche war die Hauptarbeit getan. Dann, am 11. Januar, brach der erste starke Schneesturm los, so daß die Arbeit im Freien unmöglich wurde. Es war in der Hütte noch nicht alles hergerichtet, aber man konnte sich bereits dorthin zurückziehen. Der offizielle Einzug erfolgte am 15. Januar. Scott ordnete für diesen Tag einen Gottesdienst am Strand an. Das Gebäude war wesentlich größer als die Hütte am Cape Royds. 50 mal 25 Fuß. Die Wände bestanden aus ineinanderpassenden Holzplatten, die innen und außen auf einen Rahmen genagelt wurden, so daß ein Luftraum zwischen den Platten blieb. Als zusätzliche Isolierung diente Seetang in Jutesäcken. Das Dach war ganz ähnlich konstruiert, auch der Boden war sehr gut isoliert. Das Pferdefutter, Strohballen, wurde für zusätzliche Wärmedämmung genutzt, und an der Nordwestseite schützten die Ställe das Haus vor dem kalten Wind. Vor dem Eingang befand sich eine windundurchlässige Veranda, in der ein Generator für die Beleuchtung stand. Erst eine zweite Tür führte in die Hütte hinein. Im Innern gab es eine Küche mit Herd, ein kleines Labor für die Biologen und Physiker und die Schlafstellen, getrennt eingerichtet für Mannschaften und Offiziere bzw. Wissenschaftler, für die es abgeteilte Doppelkojen ab. Nur für Scott gab es einen eigenen Arbeitsraum mit einem kleinen Schreibtisch, auf dem heute noch eine Pfeife und andere Utensilien liegen. Ja, die Cape Evans-Hütte war groß, komfortabel und gemütlich! Hier feierte Captain Falcon Scott am 6. Juni 1911 seinen letzten Geburtstag an einem klaren Tag bei nur sieben Grad unter Null.

In der Hütte lebten und arbeiteten 31 Männer. Im Januar begann Scott mit 11 Leuten Depots im Süden anzulegen. Eine Geologengruppe unter Griffith Taylor begab sich zu den westlichen Bergen, andere brachen nach Hut Point auf. Die „Terra Nova" fuhr nach Osten an der Barriere entlang, und man traf den großen Rivalen Roald Amundsen in der Walfischbucht.

Im Winter gab es in der Hütte drei Vorträge pro Woche, vor allem von den Wissenschaftlern. Neben einem Grammaphon hatten sie sogar ein Klavier, das Taylor recht gut spielte. Um 23 Uhr wurde das Acetylen-Licht gelöscht. Wer noch lesen oder schreiben wollte, mußte Kerzen benutzen.

Am 27. Juni starteten Wilson, Bowers und Cherry-Garrard ihre berühmte Expedition zu den Kaiserpinguinen auf Cape Crozier, um die Vögel in Nacht und Eis zu beobachten und um ihre Eier zu sammeln. Diese Exkursion wurde von ihnen als „schlimmste Reise der Welt" empfunden.

Auf Cape Crozier hatten sich die Männer bei unter minus 60 Grad Celsius einen Iglu aus Steinwänden und einer Schutzplane als Dach gebaut. Darin stand ihr Zelt. Aber ein Schneesturm riß Dach und Zelt fort, und sie lagen, nur durch ihre Schlafsäcke geschützt, in ihrem Eisloch, der furchtbaren Kälte und den schrecklichen Winden ausgesetzt.

Fünf qualvolle Wochen dauerte es, bis sie wieder die Discovery-Hütte erreichten.

In der Nähe der Hütte standen drei meteorologische Stationen, wo während des gesamten Winters Messungen abgelesen und ausgewertet wurden. Schließlich verlegte Meares sogar ein Telefonkabel von Cape Evans nach Hut Point, so daß eine gute Sprechverbindung vorhanden war. Scott war unterwegs zum Pol, aber in Cape Evans gab es ein ständiges Kommen und Gehen. Am 17. Januar 1912 wurde die „Terra Nova" im McMurdo-Sound gesichtet, aber es dauerte noch zwei Wochen, bis das Schiff sich durch das Packeis arbeiten konnte. Atkinson, Meares und Simpson erreichten mit einem Hundeteam die „Terra Nova" und kehrten mit zwei Taschen voller Post und Zeitungen zur Hütte zurück. Die „Terra Nova" brachte neue Vorräte, neue Hunde und Schlitten und sieben Himalaya-Maultiere. In dieser Zeit entwickelte sich ein fast regelmäßiger Dreiecksverkehr zwischen dem Schiff, Cape Evans und Hut Point. Ende Februar war die Südpol-Gruppe längst überfällig, aber die Männer hofften noch immer auf einen Polsieg. In der Zwischenzeit wurden Depots an der Barriere und am Corner Camp aufgefüllt bzw. neu eingerichtet. Zu diesem Zeitpunkt waren Scott, Wilson und Bowers noch am Leben und befanden sich „nur" hundert Kilometer weiter südlich.

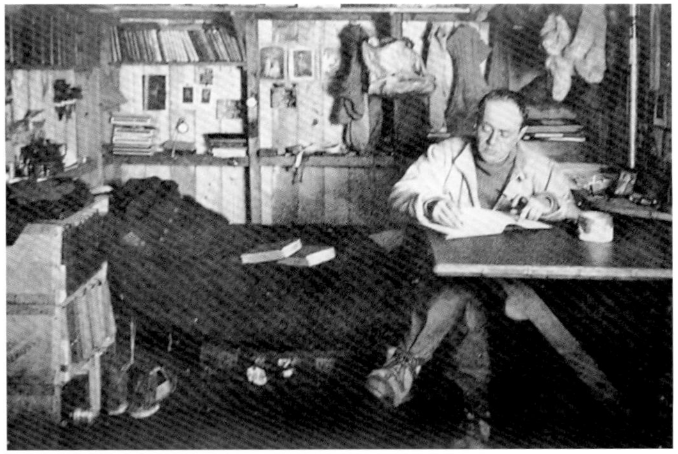

Captain Scott schreibt Tagebuch in seinem „Arbeitszimmer".

Aber als die Männer am 1. Mai von den Depots zurückkehrten, war zur Hütte bereits die Nachricht durchgedrungen, daß Scott und seine Gefährten den Marsch zum Pol vermutlich nicht überlebt hatten – und sie wußten, daß ihre Nordgruppe in den westlichen Bergen ebenfalls auf Rettung wartete.

In der Hütte erwarten dreizehn Männer, zur Untätigkeit gezwungen, den Beginn ihres zweiten Winters; aber sie warten auch ungeduldig auf sein Ende, um endlich etwas unternehmen zu können.

Atkinson, der jetzt die Führung der Expedition übernommen hatte, mußte sich entscheiden, wen er suchen sollte. Die Nordgruppe in Victoria-Land würde, falls sie noch am Leben war, sicher noch weiter durchhalten. Also entschied sich Atkinson für den Süden, um Scott und seine Gefährten zu finden. Anfang Oktober verließ die Suchmannschaft Cape Evans.

So wurde die Scott-Hütte am Cape Evans zum wichtigsten Stützpunkt während eines der größten Dramen – mit tragischem Ausgang – in der Polargeschichte. In diesem Bewußtsein sollten alle Besucher den stillen Strand am Cape Evans betreten. Nach den dramatischen Ereignissen vor und während des ersten Weltkrieges, der die Schlagzeilen über die Antarktis verdrängte, kehrte auf der Ross-Insel Ruhe ein, die Hütten füllten sich langsam mit Treibschnee, und 30 Jahre lang blieben die Robben und Pinguine alleine. Dann kamen die Amerikaner mit Richard Evelyn Byrd an der Spitze. Sie kamen mit amerikanischer Gründlichkeit und großer Technik; mit Eisbrechern, Hubschraubern, Motorschlitten und Flugzeugen.

Im Februar 1947 erreichte der amerikanische Eisbrecher „Burton Island" den McMurdo-Sound und ankerte vor Cape Evans. Eine Gruppe der Besatzung besuchte die Hütte und fand sie total eingeschneit. Niemand ging hinein. Im National Geographic Magazin schrieb Byrd im Oktober 1947: „Die Hütte machte einen unordentlichen Eindruck. Der gefrorene Kadaver eines Hundes stand dort auf vier Beinen, so als wäre er noch lebendig, und um die Hütte herum waren Kartons mit Proviant verstreut". Von Cape Evans flog man mit einem Helikopter auch nach Hut Point, zur Discovery-Hütte. „Die Hütte sah so aus, als wäre sie noch vor wenigen Wochen bewohnt gewesen." Aber auch die Discovery-Hütte war voller Schnee.

Am 19. Januar 1948 besuchten amerikanische Navy-Männer Shackletons Hütte auf Cape Royds mit einem Helikopter. Dann begann der technische und wissenschaftliche „Großangriff" auf die Antarktis, die Operation „Deep Freeze". Die Amerikaner planten eine große Basis in der Antarktis; in Hut Point landeten die ersten Flugzeuge aus Neuseeland auf dem Meereis, hinzu kamen Eisbrecher und Cargoschiffe. Im Dezember 1955 entstand am Hut Point eine Zeltstadt, da man die Ross-Insel nach einem geeigneten Platz für eine moderne Basis durchforschte. Dabei wurde auch das Gelände um Cape Royds und ein Plateau zwischen Cape Royds und Cape Evans untersucht. Schließlich entschieden sich die Amerikaner doch für Hut Point, wo dann in Windeseile die erste „Großstadt" in der Antarktis, McMurdo, entstand. Während dieser Zeit besuchten die Besatzungen von Schiffen, Flugzeugen und Helikoptern mehrfach die drei Hütten. Man begann sie vom Schnee zu befreien, die Dächer zu reparieren und den Unrat um die Hütten herum zu beseitigen. Fachleute aus der Antarctic-Abteilung des neuseeländischen Ministeriums für Forschung und Wissenschaft arbeiteten einen umfangreichen Plan für die Restaurierung der Hütten aus, und im Winter 1960/61 begannen die Arbeiten mit logistischer Unterstützung der Amerikaner. Die stellten vor allem den Transport für das neuseeländische Team, zu dem auch Michael Prebble gehörte, der uns in die Hütten führte. Zunächst wurde auf Cape Evans gearbeitet und die Hütte mit Pickel und Schaufel von Schnee und Eis befreit. An einigen Stellen reichte der Schnee bis unter die Decke. Die Neuseeländer wollten bewußt keine künstliche Wärme einsetzen, denn im Eis befanden sich empfindliche Dinge. Die Männer gingen vor wie bei einer wichtigen archäologischen Ausgrabung und bargen Bücher, Manuskripte, Labormaterial, Kleidung und vieles mehr.

Nach der Säuberung wurde die Hütte wieder wetterfest gemacht und das Dach neu eingedeckt. Gleichzeitig arbeitete man bereits auf Cape Royds. Dort gab es weniger Schnee in der Hütte, und die Säuberungsaktion glich eher einem „großen Frühjahrsputz". Den Männern aus Neuseeland standen alle vorhandenen Hüttenaufnahmen der verschiedenen Expeditionen zur Verfügung. Nach diesen Fotos rekonstruierten sie den alten Zustand und richteten jedes Detail museumsartig neu her. Auch in Cape Royds wurde das Dach neu gedeckt. Bis auf den nicht mehr vorhandenen Eßtisch spiegelt der Raum in Cape Royds die alte Atmosphäre wieder. Besonders einrucksvoll habe ich das bei meinem ersten nächtlichen Besuch empfunden, als ich vor einigen Jahren mit der „Frontier Spirit" hier gewesen war. Die Mitternachtssonne schien durch die geöffneten Fenster auf die Regale voller Lebensmittel, und an der Wand hinter dem gußeisernen Ofen hingen immer noch die Porträts von König Edward VII und Königin Alexandra. Das heisere Geschrei der Adeliepinguine vom Pony Lake hat sich seit Shackletons Ankunft nicht verändert.

Dr. Atkinson arbeitet im Hüttelabor, das bis heute erhalten ist.

Die Discovery-Hütte erscheint – im Gegensatz zu Cape Royds und Cape Evans – heute noch so ungemütlich und dunkel, wie sie von allen Bewohnern beschrieben wurde.

Unsere „Bremen" bleibt nach drei Seemeilen im Eiskanal kurz vor McMurdo im Eis stecken. Wir haben den südlichsten Punkt – 77°47'1"– unserer Fahrt erreicht – und sind doch noch 1361 Kilometer vom Südpol entfernt. Um uns herum spielen Schwertwale, und einzelne Kaiserpinguine spazieren wie arrogante

Oberkellner zwischen den viel kleineren Adeliepinguinen umher. Kapitän Aye setzt sein Schiff zurück, und um 18 Uhr erreichen wir erneut Cape Evans. Der Wind hat sich beruhigt, und die Abendsonne spiegelt sich an den eisigen Hängen von Mt. Erebus, der sich unmittelbar hinter der Hütte erhebt. Wir alle treten ein in den stillen Hüttenraum und sprechen nur wenig. Jeder geht seinen eigenen Gedanken nach. Da klickt eine Kamera, ein Blitzlicht leuchtet auf, und dort summt eine Videokamera. Vor der Hütte liegen Reste des alten Ankers der „Aurora", und auch der erfrorene Hund ist noch da. Ich steige den Hang hinauf zum Windvane-Kreuz, das zum Gedenken an die Toten der Shackleton-Expedition 1916 über der Hütte aufgestellt wurde. Die meisten Passagiere fahren schon bald zurück zur „Bremen", weil es kalt geworden ist. Ich bin mit meiner Frau Renate allein. Nur der alte Michael Prebble ist noch da, und aus seinen Erzählungen höre ich; es ist auch ein wenig „seine Hütte". Ihm und seinen Freunden verdanken wir, daß es uns möglich geworden ist, die drei Hütten auf der Ross-Insel zu betreten. In jeder dieser Hütten bekomme ich das Gefühl, für einen Moment in der heroischen Vergangenheit der Antarktis zu leben.

Wir fahren mit den Zodiacs zurück an Bord, zurück in den Vier-Sterne-Luxus unseres Schiffes mit heißer Dusche, weißbezogenen Betten, Bar und einem fünfgängigen Dinnermenu. Sind wir wirklich Antarktisfahrer? Ja und Nein, alles im Leben ist relativ, auch unsere Kreuzfahrt ans Weiße Ende der Welt. Genauso begeistert wie wir von der „Bremen" sind, war Scott von seiner Hütte: „Es war wundervoll, unseren warmen Bereich, die trockene Cape Evans-Hütte, zu betreten. Das Innere erschien mir palastgleich, das Licht strahlend und die Behaglichkeit geradezu luxuriös."

Greenpeace baute 1987 unmittelbar neben die Scott Hütte auf Cape Evans ihre Forschungsstation „Weltparkstation". Wissenschaftler und Umweltschützer aus Neuseeland, Deutschland, USA, Holland, Australien, Polen, Österreich, Dänemark, Schweiz, Argentinien und der Türkei arbeiteten dort bis 1991. Die Weltparkstation wurde nach der Verlängerung des Antarktis-Umweltabkommens im Oktober 1991 im Januar 1992 wieder abgebaut. Es sind keine sichtbaren Spuren auf Cape Evans zurückgeblieben.

Das Ungeheure, das Unfaßbare in der Menschheit ist geschehen:
Der Pol der Erde, seit Jahrtausenden unbeseelt, seit Jahrtausenden, und vielleicht seit allem Anbeginn ungeschaut vom irdischen Blick, ist in einem Molekül Zeit, ist innerhalb von 35 Tagen zweimal entdeckt worden. Und sie sind die zweiten – um einen einzigen Monat von Millionen Monaten zu spät –, die zweiten in einer Menschheit, für die der Erste alles ist und der Zweite nichts.
Stefan Zweig

DER WETTLAUF ZUM POL

Der Wettlauf zum Pol gehört zu den großen Dramen unseres Jahrhunderts; jedes Kind lernt in der Schule, daß dieser Wettlauf zwischen dem Engländer Robert Falcon Scott und dem Norweger Roald Amundsen stattgefunden hat. Beide Männer erreichten den Südpol. Amundsen stand 35 Tage vor Scott auf diesem völlig unscheinbaren Punkt im weißen Nichts. War Amundsen der Sieger? Und Scott der Verlierer? Hat es überhaupt einen Wettlauf zwischen den beiden gegeben? War es nicht in Wirklichkeit ein Wettlauf – oder Wettkampf – zwischen Scott und seinem Rivalen Ernest Shackleton, der den Pol nie erreichte und dennoch zum wahren Helden der Antarktis wurde?

Während Nordenskjöld auf der Halbinsel die erste große Schlittenreise in der Antarktis durchführte, wollten die Engländer von der Ross-Insel aus erstmals das Innere des Kontinents aufsuchen und erforschen.

Große Teile der Welt gehörten schon zum ‚British Empire', aber es gab noch einen weißen Fleck – im wahrsten Sinn des Wortes – auf der Weltkarte; da wehte noch gar keine Fahne, auch nicht die britische. Die Zeit drängte, denn der Norweger Carsten Borchgrevink hatte den Weißen Kontinent als erster Mensch betreten, und auch die „Belgica" war, mit Roald Amundsen an Bord, schon ausgelaufen. Also entwarf man einen Plan für eine englische Expedition in die Antarktis, die von reichen Leuten finanziert wurde, zum Ruhme des Königreichs – und ihrer eigenen Person. Robert Falcon Scott, der sich als Expeditionsleiter beworben hatte, sollte dieses ehrgeizige Unternehmen durchführen. Sein Vater, John Edward Scott, war ein Bierbrauer aus kleinbürgerlichen britischen Verhältnissen, der seinen eigenen Gerstensaft verschmähte und mit ihm weder zu Ehre noch zu einem Vermögen kam. Sein langweiliges Inselleben hellte sich ein wenig auf, als ihm seine Frau Hannah am 6. Juni 1868 in Devonport einen Sohn schenkte; man nannte ihn Robert Falcon. Dieser Bub sollte mal ein besseres Leben führen als seine Eltern, und deshalb schickte John Edward seinen Sohn mit 13 Jahren zur Marine. Vielleicht sah der Vater in ihm schon den großen Admiral, der siegreiche Schlachten für Königin und Vaterland schlug. So ganz unrecht hatte er ja mit diesen Gedanken nicht. Aber er konnte damals nicht ahnen, daß Robert Falcon einmal im Schnee sterben würde – viel zu jung.

Bis zum Tag seiner Ernennung als Expeditionsleiter hatte Scott noch keinen richtigen Schnee kennengelernt, stand noch nie auf Skiern und hatte kein einziges Hundegespann gesehen, geschweige denn geführt. Es schien nur einen Mann in Europa zu geben, der wirklich etwas von Polarexpeditionen verstand: Fridtjof Nansen. Scott reiste zu ihm und holte sich Rat. Nansen setzte ganz auf Hunde, Scott hörte gut zu, begriff aber nur wenig.

Die Marine stellte die „Discovery" zur Verfügung, und die Expedition konnte 1901 auslaufen. So wurde der Seeoffizier Scott zum Polarforscher.

Zu seiner Mannschaft gehörten der Arzt und Maler Dr. Edward Wilson, der Unteroffizier Edgar Evans und der schottische Offizier bei der Handelsmarine Ernest Shackleton. Scott, Wilson und Shackleton wurden während der Fahrt nach Süden Freunde. Man erreichte im Frühjahr 1902 die große Eisbarriere und ging am Fuß des Vulkans Mt. Erebus an Land. Dort, am Hut Point, bauten sie die Discovery-Hütte aus mitgebrachten Fertigteilen und überwinterten. Die Aufgabenstellung der Expedition war nicht ganz klar, aber Scott drängte es zum Südpol. Wilson und Shackleton wollten ihn begleiten. Als Freunde starteten sie, zerstritten kamen sie zurück. Scott merkte schnell, daß Shackleton ihm in vielen Dingen überlegen war; von Shackleton ging eine große Anziehungskraft, ein mißreißendes Flair aus, und er wußte, was er wollte. Aber Scott blieb der kommandierende Offizier, der Befehle gab und selbständiges Denken nicht duldete. Seine Proviantberechnungen erwiesen sich als falsch, seine Marschtaktik war wenig durchdacht. Britischer Mut und Königstreue bis zum letzten Atemzug allein reichten leider nicht aus, den Südpol zu erobern.

Nansen hatte Scott zu Eskimokleidung geraten, aber die Engländer trugen britische Segeltuchjacken, ihre Skier lagen auf den Schlitten, und ihre Füße brachen bei jedem Schritt bis zu den Knöcheln in den Schnee. In 30 Tagen gingen die Männer 327 Meilen, kamen aber dabei nur lächerliche 109 Meilen weit nach Süden, weil sie immer wieder zurücklaufen mußten, um ihre Lasten zu holen. Die Hunde erschienen den drei Männern mehr Hindernis als Hilfe zu sein. Am 28. Dezember schlugen die drei Männer ihr südlichstes Lager auf: 82°15' südliche Breite, wo das Schelf-Eis an das Festland stieß. Nie vorher war ein Mensch so weit nach Süden vorgedrungen. Scott befahl Shackleton, im Lager zu bleiben, und lief zusammen mit Wilson noch zwei Meilen weiter nach Süden. Shackleton empfand dieses Zurückbleiben-müssen zurecht als Demütigung. Scott hätte als umsichtiger Führer längst umkehren müssen, denn es stand nicht gut um die Gesundheit der Männer und um den Proviant für den Rückweg. Die Stimmung war gereizt, und an einem Morgen beluden Wilson und Shackleton die Schlitten. Da hörten sie Scotts Stimme im Befehlston: „Kommt her, ihr blöden Kerle!" Die beiden Männer gehorchten und Wilson fragte Scott: „Haben Sie mit mir gesprochen?" „Nein", antwortete Scott – immer noch über einen nicht ersichtlichen Grund wütend. „Dann müssen Sie mich gemeint haben", meinte Shackleton ruhig und fuhr fort: „Aber der blödeste Kerl in unserem Haufen sind Sie selbst!" Scott verstummte verblüfft und wütend. Diese Episode charakterisiert das angespannte Verhältnis zwischen Scott und Shackleton.

In den nächsten Tagen und Wochen mußte Wilson sein ganzes pädagogisches Geschick einsetzen, um die beiden Südpol-Rivalen zu besänftigen und um ständigen Streit zu schlichten. Auf dem Rückweg verwandelte sich das bisher schöne Wetter in Schneestürme. Sie fanden ihre Depots nur mit Not und viel Glück. Alle drei Männer wurden durch Skorbut und ständigen Hunger von Tag zu Tag schwächer.

Am 18. Januar 1903, noch hundert Meilen von Hut Point entfernt, brach Shackleton mit starken Schmerzen in der Brust zusammen. Er konnte sich nur noch mühsam weiterschleppen, aber er überwand diesen Schwächezustand durch außergewöhnliche Willenskraft. Am 3. Februar erreichten die Männer kraftlos, schmutzig und geschlagen die Hütte und ihr Schiff. Die „Discovery" war im Eis festgefroren, aber England hatte ein Hilfsschiff, die „Morning", nach Süden geschickt. Scott schickte Shackleton mit diesem Schiff nach Hause. Er selbst fuhr erst ein Jahr später nach England zurück. Dort wurden Scott und seine Männer als Helden gefeiert. Niemand erinnerte sich an Shackleton.

Während sich Scott in Ruhm und Ehre sonnte, plante Shackleton seine eigene Expedition ins Eis. Der Wettlauf zum Pol hatte begonnen!

Scott heiratete Kathleen Bruce, die ganz von ihm Besitz ergriff und stolz war, einen britischen Helden zum Mann zu haben. Schon bald erwartete sie ein Kind, aber Scott quälte doch nur eine Frage: Wird Shackleton den Pol erreichen? England staunt. Ist Shackleton nicht der Mann, der neben Scott zusammengebrochen war? Aber Shackleton ist Engländer und hat Erfahrungen gesammelt. Das alleine zählt auf der Insel. Die Regierung bewilligt ihm 400.000 DM, die gleiche Summe steckt Australien in die neue Expedition. Dieses Geld reicht nur für das 40 Jahre alten Robbenfänger-Schiff „Nimrod" und für eine kleine Mannschaft. Shackleton sucht diese Mannschaft aus. Drei Veteranen der Scott Expedition sind mit dabei: Lieutenant Joyce, Evans und Wild, neu dazu stoßen Wissenschaftler aus England und Australien. Shackleton nimmt nur 9 Hunde und 10 Ponys als Zugtiere mit, dazu ein Auto, das aber schon in den ersten Tagen nicht mehr funktioniert und im Eis des McMurdo Sounds stecken bleibt. Shackleton bittet Scott um die Benutzung der Discovery-Hütte, aber Scott lehnt verbittert ab. Im Februar 1908 erreicht die „Nimrod" Cape Royds, der Weg bis Hut Point ist durch dickes Eis versperrt. Shackleton entdeckt am Kap das eisfreie Tal voller vulkanischer Erde, einen ideal geschützten Platz für die Winterhütte. Shackleton muß die bittere Erfahrung machen, daß Ponys für die Antarktis weniger geeignet sind; er verliert in kurzer Zeit 6 von 10 Ponys. Drei Männer beginnen am 5. März 1908 die erste Besteigung des Mt. Erebus und stehen am 10. März auf dem Gipfel des Vulkans, 3.794 Meter hoch. Aus der Tiefe des Berges dröhnt es dumpf, kugelförmige Dampfmassen werden aus dem Krater geschleudert. Die Geologen sammeln hastig Gesteins- und Schwefelproben ein und verlassen das Tor zur Hölle und erreichen am 12. März völlig erschöpft die Hütte. Einer der Männer, Brocklehurst, bezahlt dieses Abenteuer mit der Amputation beider großen Zehen. Ein hoher Preis!

Shackletons Polmannschaft. v.l.n.r. Frank Wild, Ernest Shackleton, Eric Marshall und Jameson Adams

Nach einem harten Winter bricht Shackleton im Frühling (am 29. Oktober) zum Südpol auf. Man vereinbart, wann die „Nimrod" die Magnet-Pol-Mannschaft aufnehmen soll und wann ihr letzter Abfahrtstermin sein wird.

Inzwischen beginnen Shackleton, Adams, Wild und Dr. Marshall mit Schlitten und vier Ponys den strapazenreichen Aufstieg zur Eisbarriere. Stürze in Spalten, Einbrüche von Schneebrücken und Wetterverschlechterung machen den Aufstieg noch beschwerlicher und bewirken, daß man nur 15 km am Tage schafft. Als das erste Nachtlager errichtet wird, dröhnt vom Nordrand der Eisbarriere dumpfes Getöse, der Boden zittert. Gewaltige Tafeleisberge brechen vom Schelf! Am 15. November erreicht die Expedition ihr erstes Depot. Hier wird Proviant für den Rückweg abgeladen und Ponyfutter aufgeladen. Auf dem Rückweg wird es keine Ponys mehr geben. Die Ponys sollen nacheinander erschossen werden; ihr Fleisch wird – wie geplant – entweder verzehrt oder in Depots, die für den Rückweg angelegt werden, gelagert. Die Tagesmarschleistung erhöht sich bis auf 27 km, so daß man nach vier Wochen am 26. November Scotts südlichsten Punkt – 82°17' – überschreiten kann. Damit übernimmt Shackleton die Führung im Wettlauf zum Südpol. Zur Feier dieses Sieges bekommt jeder Mann zwei Teelöffel Euracao-Likör! Schon bald liegt das schwerste Wegstück vor ihnen, der Aufstieg über das völlig unerforschte Transantarktische Gebirge zum Hochplateau. Und ihnen steht nur noch ein Zugtier zur Verfügung. Als Weg wählen sie einen gewaltigen Eisstrom, den Shackleton Beardmore-Gletscher tauft.

Drei Männer zerren einen Schlitten, der über 300 Kilo wiegt, Meter um Meter aufwärts. Shackleton leidet an Schneeblindheit, Adams und Marshall prüfen jeden Schritt, denn überall lauern tückische Spalten. Plötzlich ist Wild mit seinem Pony verschwunden, der Schlitten hat sich über einer Gletscherspalte verkeilt. Wild kann gerettet werden, das Pony nicht. Mit dem Verlust des letzten Zugtieres ist das große Ziel, den Pol zu erreichen, verloren. Jetzt kommt auf jeden Mann eine Last von 113 Kilogramm, die sie – auf zwei Schlitten verteilt – weiterziehen.

Von diesem Unglückstag ab wird der Hunger zum ständigen Begleiter der Expedition. Die Männer kauen rohes Pferdefleisch und Maiskörner aus dem restlichen Ponyfutter. Die Luft wird dünner, das Atmen schwerer, so daß ihre Marschleistung auf 3 bis 4 Kilometer pro Tag zusammenschmilzt.

Weihnachten fällt das Thermometer auf minus 34 Grad, die Männer haben eine Höhe von 2.896 Meter erreicht. Aber der eisige Weg führt immer weiter bergauf. Endlich, am 29. Dezember, erreicht die Expedition das Plateau in 3.149 Meter Höhe. Zum Pol sind es noch immer 400 Kilometer. Am 1. Januar überschreitet

Shackleton den 87. Breitengrad, jetzt haben sie nur noch 68 Kilogramm Last pro Mann zu ziehen, aber ihre Kräfte schwinden von Tag zu Tag, da sie unerträglicher Hunger quält. Am 9. Januar 1909 verlassen die vier Männer ihr Zelt und kämpfen sich ohne Gepäck noch einmal 30 Kilometer weiter nach Süden, aber der Pol ist noch immer knappe 180 Kilometer entfernt. Bei 88°23' fällt Shackleton eine für ihn charakteristische Entscheidung: „Der Pol wäre von hier aus zu erreichen – aber keiner von uns käme lebend nach England zurück!" Shackleton ist sein Leben und das der ihm anvertrauten Männer wichtiger als der Pol. Er entnimmt seinem Rucksack die britische Fahne, die ihm die Königin von England beim Abschied übergeben hat, und rammt sie in den Schnee.

Shackleton hat mit seinen Männern den südlichsten Punkt erreicht - 180 km vom Pol entfernt.

Nur noch 180 Kilometer zum Pol! Die Männer grüßen ihre Fahne, blicken sehnsuchtsvoll nach Süden und marschieren zum Zelt im Norden zurück.

Am 11. Januar erreichen sie ihr letztes Depot. Die Temperaturen werden erträglich – minus 22 - 25 Grad. Aber der Hunger läßt sie selbst nachts in den warmen Schlafsäcken frieren.

„Besser heute hungern, als morgen verhungern", heißt jetzt die Devise. Die knappen Essensrationen verlangen tägliche Gewaltmärsche, und Shackleton taumelt auf schmerzenden Füßen dahin.

Den Beardmore-Gletscher rutschen und stürzen sie abwärts, von 6 Uhr früh gehen sie bis 9 Uhr abends – ununterbrochen.

„Ich kann die physischen und geistigen Qualen der letzten 48 Stunden nicht annähernd wahrheitsgemäß schildern", notiert Shackleton in seinem Tagebuch. Kurz vor dem Ende des Gletschers brechen Adams und Wild in ihrem Zuggeschirr zusammen. Dr. Marshall geht alleine weiter, bis zum nächsten Depot und kommt mit rettendem Proviant zurück. Mitten in der Nacht brechen die Männer schon wieder auf und schleppen sich weiter.

Am 23. Februar erreichen die völlig erschöpften Männer das von einer Hilfsexpedition neu angelegte Depot mit Hammelfleisch, einer Biskuit-Dose, Eiern, Büchsenmilch und Schokolade – und eine Nachricht: „Das Schiff ist am 3. Januar angekommen, an Bord der „Nimrod" und in der Hütte ist alles in Ordnung!" Welch ein Jubel! In vier bis fünf Tagen werden sie in der Hütte sein – und gerettet!

Aber diese letzten Tage werden zur Hölle. Dr. Marshall bleibt mit Magenlähmung und schrecklichem Durchfall liegen. Trotzdem schleppt sich der Mann weiter. Am 27. Februar wird Marshalls Zustand lebensgefährlich. Er bleibt zusammen mit Adams im Zelt zurück, Shackleton und Wild ziehen mit einem Schlitten weiter. Nur ein Tag Verspätung, und das Schiff wäre fort! Sie gehen die ganze Nacht und erreichen am 28. Februar die Hütte am Hut Point - sie ist leer und kalt wie ein Grab. Sie finden einen Brief mit der Nachricht, daß die „Nimrod" bis zum 26. Februar vor der Eisbarriere warten werde! Also ist das Schiff fort – und zwei Männer warten weit entfernt auf dem Eis auf Rettung.

Shackleton und Wild verbringen eine bitterkalte Nacht ohne Schlafsäcke – die haben sie mit den Schlitten zurückgelassen – in der Hütte und zünden im Morgengrauen die Reste der magnetischen Meßstation an. Helle Flammen züngeln in den kalten Morgen, Qualm steigt auf. Die Männer sehen das Feuer kaum, sie starren entsetzt und gebannt nach Norden und tatsächlich, das Wunder von Hut Point geschieht. Auf der bereits fortfahrenden „Nimrod" hat man das Feuer entdeckt. Da kommen Antwortsignale vom Heliographen. Um 11 Uhr ist die „Nimrod" wieder da und nimmt die beiden Männer an Bord. Shackleton vergißt seine Leiden und marschiert mit drei Männern zurück. Sie gehen die ganze Nacht und erreichen am nächsten Mittag das Zelt mit Marshall und Adams. Am 4. März sind alle an Bord der „Nimrod". Hier erfahren sie, daß

David, Mawson und Mackay während ihrer Südpolexpedition den Magnetischen Pol im wildvergletscherten Südviktorialand gefunden haben. Shackleton hat den Südpol nicht erreicht, aber den Weg dorthin erkundet, den Zugang zum Plateau über den Beardmore-Gletscher gefunden und seine Männer lebend zurückgebracht. Menschenleben zu schonen und zu retten ist ihm wichtiger als eine Fahne auf dem Pol zu hissen. Deshalb erscheint mir diese Schlüsselexpedition bis kurz vor den Südpol eine der größten Leistungen in der Antarktiserschließung zu sein. In ihr hat Ernest Shackleton der Welt bewiesen, daß er ein Held mit Verantwortung ist; eben der „Boß“.

Roald Amundsen wurde am 16. Juli 1872 in Borge bei Oslo als Sohn des Kapitäns, Schiffseigners und Sklavenhändlers Jens Engebreth Amundsen und seiner Ehefrau Gustava Sahlquist, der Tochter eines Steuereinziehers, geboren. In den Adern der Familie Amundsen floß also seit Generationen Abenteuerblut. Und so sagte Roalds Mutter schon bald nach seiner Geburt: „Er ist der letzte Wikinger!“ Trotzdem wollte die Mutter einen seßhaften Arzt aus ihrem Sohn machen und ließ Roald Medizin studieren. Der Junge gehorchte widerwillig und träumte dabei schon von eigenen Abenteuern in den Polarwüsten dieser Welt. Mit großer Begeisterung las Roald die Berichte von Franklins ersten Forschungsreisen in die Nordwest-Passage. Dabei begeisterten ihn die Berichte, wie Franklin und seine Gefährten wochenlang in Eis und Sturm um ihr nacktes Leben kämpfen mußten. „Ein merkwürdiger Ehrgeiz brannte in mir, gleiche Leiden zu überwinden.“

Roald Amundsen zeigt am 2. Juni 1910 König Haakon VII stolz „seine Fram“

Amundsen verehrte Nansen über alle Maßen. Der hatte 1888 die grönländische Eiskappe von Ost nach West auf Skiern durchquert und anschließend in Grönland überwintert. R. Amundsen berichtet überschwenglich, wie diese Ereignisse in ihm den Wunsch geweckt hatten, als Erster die Nordwest-Passage zu bewältigen. Als Nansen 1893 erneut in die Arktis fuhr, war er noch zu jung, um dabeisein zu können. Aber 1903-1906 durchfuhr er selbst „seine Nordwest-Passage“ und kehrte nun ebenfalls als weltbekannter Polarheld heim nach Norwegen. Auch wenn die Nordwest-Passage eine große Leistung darstellte, für Roald Amundsen waren es nur Lehrjahre in der Arktis. Er hatte von Eskimos gelernt, war mit ihrer perfekten Polarkleidung vertraut und konnte mit Hundeschlitten genauso umgehen wie mit Schneestürmen und der eisig-schwarzen Polarnacht. Diese Erfahrungen machten ihn Scott gegenüber unendlich überlegen.

Aber noch dachte Amundsen weder an den Südpol noch an einen Wettlauf mit Scott. Seine Gedanken kreisten um den Nordpol. Was Nansen mit der „Fram“ begonnen hatte, wollte Amundsen mit dem gleichen Schiff und seinem Können vollenden. Amundsen bereitete seine Expedition zum Nordpol vor, bekam von Nansen die „Fram“ und vom Staat die notwendige finanzielle Unterstützung. Seine Mannschaft bestand aus den besten Skiläufern Norwegens. Aber dann kam die Wende!

Als Amundsen am 1. September 1909 in der Zeitung las: „Dr. Cook erreichte den Nordpol am 21. April 1908!“ und die Zeitung am 7. September meldet, daß auch Peary das Sternenbanner am Nordpol gehißt habe, brach für Roald Amundsen eine Welt zusammen. Wenn er den Nordpol erreichen würde, das interessierte jetzt keinen Menschen mehr.

Kurz nach diesem Ereignis kam es in Kopenhagen zu einer Begegnung zwischen Amundsen und Cook. Amundsen berichtete seinem Freund von der „Belgica“ über seine Pläne und Cook antwortete lakonisch: „Der Nordpol ist nicht mehr gefragt, weshalb nicht den Südpol versuchen?“ Dieser Satz muß wie ein Blitz in Amundsens Kopf eingeschlagen sein. Aber das tragische Finale des großen Wettlaufes begann erst, als die Londoner Times am 13.September meldete, daß

Captain Scott seine zweite Südpolexpedition vorbereitet und im August 1910 England verlassen werde. Zu diesem Zeitpunkt hatte sich Amundsen längst entschieden, denn er hatte bereits Anfang September in der dänischen Kolonie Grönland 100 Hunde, 14 komplette Eskimoanzüge, 20 präparierte Seehundfelle und vieles mehr bestellt. Für Roald Amundsen begann jetzt ein großes Versteckspiel. Niemandem – außer seinem Bruder Leon – verriet er seine wahren Pläne. Das erschwerte jede Vorbereitung. Karten vom Südpolargebiet konnte er nur auf Umwegen bestellen, und eine Winterhütte für die Antarktis ließ er als „Beobachtungshütte für das arktische Packeis" bauen. Einem von Scott gewünschten Gespräch über „wissenschaftliche Zusammenarbeit zwischen Nord- und Südpol" ging er aus dem Wege.

Winterabend in Framheim. Am Tischende rechts sitzt Roald Amundsen.

Am 31. Mai 1910 gab die Königlich Geographische Gesellschaft in London ein Abschiedsessen zu Ehren Scotts, und ihr Präsident Major Leonard Darwin sagte in einer Tischrede: „Scott beweist aufs Neue, daß Mannhaftigkeit in unserem Volk nicht tot ist, daß die Tugenden unserer Vorfahren, die dieses große Weltreich schufen, weiter in uns leben." Hier wird die unterschiedliche Intention der Expedition deutlich. Mitte Juni verließ die „Terra Nova" England, von Tausenden stürmisch verabschiedet. Ganz anders verlief die Ausfahrt der „Fram", die bis zum 6. Juni vor Amundsens Haus gelegen hatte. Um Mitternacht lichtete man die Anker und stach in See; die Stimmung an Bord war seltsam, Rätsel lagen in der Luft. Wofür waren die vielen Hunde bestimmt? Und die Observationshütte? Das Geheimnis wurde erst auf Madeira gelüftet. Wenige Stunden vor dem Auslaufen am 9. September rief Amundsen seine Männer an Deck, hängte eine große Karte der Antarktis an den Hauptmast und gab seine wahre Absicht, zum Südpol zu fahren, bekannt. Und Amundsen betonte, man wolle die Route der Engländer in keiner Weise tangieren. Er suche seinen eigenen norwegischen Weg zum Pol. Es war zunächst totenstill – dann rief der erfolgreiche Skifahrer Bjaaland: „Hurra, das heißt, wir sind die ersten!" Amundsen fragte jeden einzelnen, und alle sagten ja zum Wettlauf mit Scott. Zuvor hatte er sich in einem Brief an Nansen entschuldigt für die Täuschung vor dem Start. Nansen reagierte auf die Sensationsnachricht positiv und rief: „Dieser Idiot, warum hat er mir nichts davon erzählt. Er hätte alle meine Pläne und Berechnungen haben können."

An Bord der „Fram" waren 19 Mann, an Bord der „Terra Nova" 65, und die hatten bereits einen Vorsprung von drei Wochen. An Scott wurde ein Telegramm am 3. Oktober aufgegeben mit der Mitteilung: „Erlaube mir mitzuteilen, daß die „Fram" zur Antarktis fährt. Amundsen."

Damit hatte sich Amundsen alle Probleme von der Seele gesprochen oder geschrieben. Die Weltöffentlichkeit wußte um den Wettlauf, seine Mannschaft hatte ja gesagt, und selbst Scott war unterrichtet. Ein letztes eher kleines Problem plagte ihn noch: Hjalmar Johannsen. Johannsen hatte mit Nansen in der Arktis überwintert. Er hatte damit die größte Polarerfahrung in der Mannschaft. Zudem war er ein guter Skiläufer und ausgezeichneter Hundeführer. Aber er hatte Alkoholprobleme, und er akzeptierte seinen neuen Expeditionsleiter nur begrenzt, weil er sich ihm überlegen fühlte.

Am 11. Januar 1911 erreichte die „Fram" endlich die Eisbarriere, und Amundsen notierte in seinem Tagebuch: „Da lag sie nun, diese verfluchte 200 Fuß hohe Schneemauer – Eismauer kann man sie nicht nennen – und glitzerte zu uns herüber. Ich hatte geglaubt, daß sie mehr Eindruck auf mich machen würde, aber durch die ausgezeichneten Reproduktionen in Shackletons Buch war sie mir wohl schon vertraut, und ich sah sie an wie eine alte Bekannte. Wir sind also da."

Am 14. Januar verließen die Männer nach 15.938 nautischen Seemeilen ihr Schiff und fanden ihren Hüttenplatz in der Walfischbucht auf dem Eis der Barriere, etwa 4 Meilen vom Meer entfernt. Sie nannten den Platz Framheim und stellten die Überwinterungshütte auf. Niemand von Amundsens Expedition war vorher hiergewesen, aber Roald Amundsen hatte alle Reiseberichte von Shackleton und Scott u.a. studiert und sich mit genialer Intuition für den richtigen Platz entschieden. Der Ausgangspunkt zum Pol liegt hier einen Breitengrad näher, das sind über 100 Kilometer, als am Cape Evans. Der Tierreichtum in der Walfischbucht löst die Lebensmittelfrage. Am 28. Januar ist die Hütte Framheim, 8 Meter lang und 6 Meter breit, bezugsfertig. In die das Haus umgebenden Schneewehen werden Stollen gegraben, die als Lagerraum für Fleisch, Öl, Holz und Kohlen dienen. Am 15. Februar dampft die „Fram" nach Norden zurück, und Amundsen beginnt, die ersten Vorratslager auf dem 80., 81. und 82. Breitengrad einzurichten. Dabei werden wertvolle Erfahrungen gesammelt: Die Schlitten sind zu schwer, an Schneeschuhen, Eskimokleidern, Schlafsäcken und Zelten zeigen sich Mängel, ebenso an den Hundegeschirren. Sie nutzen den Winter, alle Mängel zu beheben. Während Amundsen rechnet und immer wieder rechnet, bauen Stubberud und Bjaaland neue, leichtere Schlitten, repariert und erneuert Wisting Kleidung und Schlafsäcke, werden Robben gejagt, und 60.000 Kilo frisches Fleisch wandern in die Eiskeller. Jedes Detail der Expedition wird bis zur Perfektion durchdacht und vorbereitet – nur ein Schatten bleibt: Die unausgesprochenen Spannungen zwischen Amundsen und Johannsen, wie eine Begebenheit verdeutlicht: In einer stürmischen Nacht verliert Amundsen einen Ski und das Sicherungsseil. Orientierungslos im Dunkel, befindet er sich in höchster Gefahr. Johannsen rettet ihn aus dieser Situation. In der Hütte lacht Amundsen, schüttelt sich den Schnee aus dem Anzug und meint: „Ich hatte das Seil verloren, aber ich hätte es sicher wiedergefunden." „Ja, hätten Sie das?" fragt Johannsen zurück, und in der folgenden Stille schien es zu knistern.

Mitte August wurde Amundsen immer unruhiger. Er wollte aufbrechen, aber die Temperaturen lagen bei minus 50 Grad, und Johannsen warnte vor einem voreiligen Start.

Am 8. September befahl Amundsen, verleitet durch einen Temperaturanstieg auf minus 37 Grad, den Aufbruch. Die Hunde sausten los, aber das Thermometer sank erneut auf minus 50 Grad. Für die Nacht müssen sie Iglus bauen, denn die Zelte sind viel zu kalt. Und Amundsens Stimmung fällt unter den Gefrierpunkt. Der große Roald Amundsen muß erkennen, daß sie zu früh aufgebrochen sind. Johannsen hatte recht. Amundsen ist nicht Scott, der seine Männer durch plumpe Befehle ins Verderben führt. Nein, Amundsen will zum Pol und lebend zurückkommen. So entschließt er sich zur Umkehr.

Am 14. September werden die Lasten abgeladen, und mit fast leeren Schlitten geht es nach Framheim zurück – bei minus 55 - 56 Grad Frost!

Amundsen, Wistung und Hanssen erreichen mit Wistings Schlitten als erste die Hütte, Framheim. Zwei Stunden später kommen Baaland und Stubberud an, die wegen ihrer von Kälte geschwächten Hunde langsamer vorankommen. Drei Männer fehlen. Der am späten Abend eintreffende Hassel berichtet, daß Johannssen zurückgeblieben sei, um auf den schwachen und an Frostbeulen leidenden Prestrud zu warten. Johannssen rettete seinem Gefährten dadurch vermutlich das Leben. Beide Männer kämpfen sich weiter durch und erreichen die rettende Hütte erst nach Mitternacht. Als Amundsen Johannsen am nächsten Morgen fragt, weshalb er so spät angekommen sei, verliert Johannsen seine Fassung und beschuldigt Amundsen, seine Männer allein gelassen zu haben. „Das ist keine Expedition mehr, das ist reine Panik!" „Das klingt nach offener Rebellion!" antwortet Amundsen. Er zieht daraufhin Konsequenzen und schließt Johannsen, Prestrud und Stubberud vom Marsch zum Pol aus. Die drei Männer sollen unter Prestruds Kommando eine Nebenexpedition unternehmen.

Am 20. Oktober erfolgt der zweite Aufbruch (Scott war zu seinem ersten Versuch 1902 am 2. November aufgebrochen und Shackleton am 29. Oktober. Also war Amundsen immer noch sehr früh dran.) Die ersten Tage bringen Verzögerungen und Schwierigkeiten. Im sogenannten „Schweineloch" – hier ist das Gelände voller Risse und Spalten – bricht Bjaalands Schlitten ein. Mit Seilen wird das Gespann an die Oberfläche gezogen. Auch Wisting stürzt in eine Spalte, aber es geht gut aus. Schneewarten und Depots werden gebaut und letztere mit numerierten Fahnen gut gekennzeichnet. Nach 26 Tagen haben die

Männer 720 Kilometer zurückgelegt und beginnen den Aufstieg über den Axel-Heiberg-Gletscher. Am ersten Tag ziehen die Hunde die schweren Schlitten über 18 Kilometer weit und 700 Meter hoch, am nächsten Tag schaffen sie sogar 31 Kilometer und 1.600 Meter Höhe. Amundsen hatte für den Aufstieg 10 Tage gerechnet. Nach nur 4 Tagen neigt sich der Gletscherhang, und sie stehen am Rande des Plateaus – 3.220 Meter hoch.

Am 8. Dezember überschreiten die fünf Männer den Breitengrad 88°23'; das war Shackletons südlichster Punkt; und am 15. erreichen sie den Pol – bei nur 25 Grad Kälte. Ein kräftiger Händedruck, gegenseitige Glückwünsche. Amundsen zieht die norwegische Fahne vom Schlitten, und fünf vom Frost übelst zugerichtete Fäuste stecken sie in den Schnee. Amundsen spricht: „So pflanzen wir Dich, Du liebe Fahne, am Südpol auf und geben der Ebene, auf der er liegt, den Namen König Haakon VII-Land.“

Scott erreicht den Südpol - als Verlierer
v.l.n.r. Oates, Bowes, Scott, Wilson, Evans.

Als Festbraten gibt es Seehundfleisch. An diesem Tag lag Scott 360 Meilen zurück und kämpfte sich den steilen Beardmore-Gletscher hinauf. Amundsen ist unsicher, ob er tatsächlich am Pol angekommen ist. So läßt er den Pol am nächsten Tag weiter einkreisen und schickt seine Männer in verschiedene Richtungen zehn Meilen weit. Durch neue Berechnungen stellen sie fest, daß der Pol noch anderthalb Meilen weiter im Süden liegt. Dort läßt Amundsen ein Ersatzzelt aufstellen, über dem die norwegische Fahne weht, und legt zwei Briefe hinein, einen an König Haakon und einen zweiten an seinen Rivalen Scott mit der Bitte, den Brief an den norwegischen König zu befördern. Am 18. Dezember verläßt die Expedition den Südpol. 99 Tage nach ihrem Aufbruch, und nach 3.000 Kilometern durch Eis, Schnee und Kälte, erreichen die fünf Männer am 26. Januar 1912 wieder Framheim.

Während Scott verzweifelt und ungeschickt mit Motorschlitten gegen die Naturgewalten kämpfte und an militärische Erfolge glaubte, hatte Amundsen den Südpol fast mühelos erreicht, weil er von Eskimos das Überleben in Eis und Schnee gelernt hatte, weil er zum Pol, aber auch zurück wollte. Scott dagegen wollte zum unsterblichen Helden Englands werden. Scotts Weg ist derselbe, den Shackleton schon 1909 gegangen war. Vor dem Beardmore-Gletscher brechen Motorschlitten und Ponys zusammen, und die fünf Männer müssen ihre überschweren Schlitten selber ziehen. Am 16. Januar herrscht trotz aller Qualen gehobene Stimmung in der müden und ausgezehrten Gruppe. Aber plötzlich wird einer der Männer, Bowers, unruhig. Im endlos blendendweißen Schneefeld glaubt er einen dunklen Punkt zu erkennen. Eine fürchterliche Vermutung überfällt die fünf Männer, aber niemand wagt, sie auszusprechen. Sie hasten weiter, und die Vermutung wird zur vernichtenden Gewißheit. Da flattert eine schwarze Fahne an einem Schlittenständer, und um sie herum sind Abdrücke von Skiern, Schlittenkufen – und Hundepfoten.

Den Männern treten Tränen in die Augen, wortlos schleppen sie sich weiter. Bis hierher haben sie immer noch gehofft, und dieses Hoffen hat ihnen ungeheure Kraft gegeben. Aber dieser schwarze Punkt, umgeben von Hundespuren, hat plötzlich ein Urteil gesprochen, das furchtbarer und niederschmetternder nicht sein konnte. Nein, diese Wahrheit ist nicht mehr zu ertragen. Sie halten trotzdem durch und erreichen am 18. Januar 1912 den Pol. Was für eine schreckliche Enttäuschung! Da steht das norwegische Zelt, und in ihm finden sie den Brief. Eine Demütigung: Scott soll diesen Brief befördern – als Boten für Amundsen. Scott und seine Männer erholen sich von dieser Niederlage nicht mehr. Am 17. Februar stirbt Evans, dann erfriert Oates, nachdem er das gemeinsam Zelt verlassen hat und alleine in den Schneesturm wankt, um für seine drei Kameraden keine Belastung mehr zu sein.

Nur 20 Kilometer vor ihrem Eintonnenlager (auf 79°28') bleiben Scott, Wilson und Bowers im Zelt liegen. Und Scott schreibt mit erfrorenen Händen in seinem

Tagebuch erschütternde Worte an die Angehörigen: „Meine liebe Mrs. Wilson! Wenn dieser Brief Sie erreicht, werden Billy und ich gemeinsam aus der Welt gegangen sein. Der Augenblick steht nahe bevor, und ich möchte gern, daß Sie erfahren, wie großartig er bis zuletzt gewesen ist – immerfort heiter und bereit, sich selbst für andere aufzuopfern, und nie hat er mir einen Vorwurf darüber gemacht, daß ich ihn in dieses Elend brachte. Ihr R. Scott." Ähnliche Worte richtet er an Mrs. Bowers: Ihr Sohn sei ein tapferer und edler Mann gewesen, von furchtlosem Mut in höchster Not und unbesiegbar bis zum Ende. Scott schreibt auch an seine Frau: „Interessiere unseren Jungen für Naturgeschichte, wenn es Dir möglich ist; das ist besser als Spiele. Vor allem soll er sich vor Schlaffheit hüten. Mache ihn zu einem strebsamen Menschen. Ich mußte mich, wie Du weißt, zwingen, strebsam zu werden – ich hatte immer Neigung zu Trägheit. Was könnte ich Dir alles von dieser Reise erzählen! Wieviel besser war sie als daheim zu sitzen in großer Bequemlichkeit. Was für Geschichten hättest Du dann für den Jungen! Aber welch ein Preis muß dafür bezahlt werden!" Und an die Weltöffentlichkeit: „Wir sind schwach, das Schreiben wird schwer, aber meinetwegen bereue ich diese Reise nicht, die gezeigt hat, daß Engländer schweres erdulden, einander helfen und dem Tod mit ebenso großer Festigkeit entgegensehen können, wie in vergangenen Zeiten."

Auf der ersten Seite des letzten Tagebuchheftes steht die Bitte: „Schickt dieses Tagebuch meiner Frau!" Das Wort Frau ist ausgestrichen und Witwe darüber geschrieben. Scotts letzte Eintragung stammt vom 29. März.

Am 29. Oktober bricht ein Suchtrupp von Cape Evans auf. Am 12. November finden sie das Todeszelt, das der Schnee längst zugedeckt hatte. Nacheinander schauen die Männer in das Zelt. Da liegen die Schlafsäcke mit den gefrorenen Leichen, in der Mitte Captain Scott. Sie begraben die Toten im Schnee und setzen ein Kreuz aus Skiern auf das weiße Grab. Atkinson, der Leiter der Suchmannschaft, spricht ein Gebet.

„Es war", schreibt Gran, „feierlich und sehr bewegend, wie die elf wetterharten Männer entblößten Hauptes im Kreise standen und sangen. Durch die drohenden Sturmwolken brach leuchtend die Sonne und tauchte die große Ebene in märchenhafte Farben. Treibschnee fegte nieder, und als die Hymne zu Ende war, lag über den Toten eine weiche, weiße Decke."

Amundsen, der als Sieger aus dem großen Wettlauf hervorgegangen ist, hat durch seine Leistung Weltruhm erlangt. Von Scotts erschütterndem Schicksal erfuhr Amundsen während einer Vortragsreise in Madison. „Ich würde gerne auf Geld und Ehre verzichten, wenn ich dadurch Scott den furchtbaren Tod hätte ersparen können," sagte er einem Journalisten.

Kurz vorher hatte Amundsen eine andere bittere Nachricht schlucken müssen: Hjalmar Johannsen hatte sich am 4. Januar 1913 in einem Hotelzimmer in Oslo erschossen.

Scotts Tagebuch wurde zur Weltliteratur. So erwarb er sich den großen Ruhm, den er im Leben erhofft hatte, erst nach seinem Tod.

Mount Erebus vom McMurdo Sound aus.

*Dank der modernen technischen Hilfsmittel
können manche Unannehmlichkeiten und Strapazen vermieden werden. Aber mit ihnen ist auch der Abenteuer- und Pioniergeist für immer entschwunden, der die ersten Expeditionen beflügelte. Kameradschaft, Teamgeist, menschlicher Einsatz für die gesetzten Ziele, das sind noch immer die wichtigsten Voraussetzungen für eine erfolgreiche Antarktisforschung. Daß es heute möglich ist, auf dem noch weithin unbekannten Siebenten Kontinent international zusammenzuarbeiten, gehört zu den erfreulichsten Tatsachen in einer von Argwohn und Mißgunst erfüllten Welt.*
Sir Raymond Priestley

DAS GEOPHYSIKALISCHE JAHR 1957/58

Die Station Terra Nova, benannt nach Scotts Schiff, ist das nächste Ziel der „Bremen". Wir fahren also wieder nach Norden. Die Sonne strahlt von einem wolkenlosen Himmel, und Mt. Erebus ist selbst aus 160 Kilometern Entfernung noch zu sehen. Es herrscht fast Windstille. Die „Bremen" fährt in einen funkelnden weißen Teppich, der sich rasch über 8/10 zu 10/10 Packeis verdichtet. Kurz nach 18 Uhr fällt der Anker in der Terra Nova-Bay. Eine neue Welt empfängt uns: moderne Gebäude aus Stahl und Leichtmetall, Raupenfahrzeuge, Hubschrauber, Antennen, Straßen- und Geländeautos – und gastfreundliche Italiener. Das ist die Neuzeit in der Antarktis, die praktisch mit dem Geophysikalischen Jahr 1957/58 auf dem Eiskontinent begonnen hat.

Während die klassischen Expeditionen der „Belgica", von Nordenskjöld, Scott, Shackleton, Amundsen und anderen Entdeckern großartige Einzelleistungen waren, die viele wissenschaftliche Erkenntnisse erbrachten, vor allem geographischer Art, denn sie fügten erstmals die Karte dieses Kontinents wie ein gewaltiges Puzzle zusammen, gab es schon lange Bestrebungen, die wissenschaftliche Erforschung der Antarktis international zu koordinieren.

Das geschah im Geophysikalischen Jahr 1957/58, in dem über 1.000 Wissenschaftler aus 12 Nationen auf 56 teils schon vorhandenen oder neu erbauten Forschungsstationen über den ganzen Kontinent verteilt arbeiteten. Als Kürzel steht für diese Aktion IGY (International Geophysical Year). Eine führende Rolle spielten dabei die reichen Amerikaner, die bereits große Erfahrungen mit ihrer Station Little America gesammelt hatten. Im Jahr 1952 verpflichteten sich die USA auf einer Konferenz in Rom, während des IGY alleine sechs neue Forschungsstationen auf dem antarktischen Kontinent zu bauen und wissenschaftlich international zu besetzen. Eine Station sollte direkt am Südpol errichtet werden. Mit der Logistik und dem Bau wurde die US-Navy beauftragt. Es galt, Gebäude zu konstruieren, die Stürmen mit Windgeschwindigkeiten bis 320 Stundenkilometern widerstehen und vor Außentemperaturen, die auf dem Pol-Plateau während der antarktischen Nacht bis auf minus 100 Grad Celsius fallen, Schutz bieten könnten. Alle Stationen mußten untereinander und mit der Außenwelt Funkverbindung haben. Dazu gehörten Landepisten und Flugverbindungen, geländegängige Transportmittel in Eis und Schnee, Reparaturwerkstätten, Treibstoff- und Ersatzteillager, Lebensmitteldepots und eine sichere medizinische Versorgung.

Vor dem IGY hatten nur 10 Menschen ihren Fuß auf den Südpol gesetzt (Amundsen mit vier Gefährten am 15. Dezember 1911 und Scott mit vier Gefährten am 18.Januar 1912). 44 Jahre später wollten die Amerikaner in dieser endlosen Schneewüste eine vollständige Forschungsstation errichten, in der während des IGY 18 Männer leben und arbeiten konnten. Erste Berechnungen ergaben, daß für den Bau dieser Station mindestens 600 Tonnen Material und Ausrüstung erforderlich waren, die per Luft zum Pol transportiert werden mußten. Die alten amerikanischen Stationen Little Amerika (es gab vier) waren inzwischen mit der Eis-Schelfkante abgebrochen, ebenso wie Amundsens Basis Framheim. Die gesamte Walfischbucht war verschwunden, und deshalb bauten die Amerikaner Little America V an der 50 Kilometer entfernten Kainanbucht. Im Jahr 1955 errichteten sie in Christchurch auf Neuseeland ihr vorgeschobenes Hauptquartier, und im antarktischen Sommer 1955/56 wurde Little America V und die Basis McMurdo am Hut Point gebaut. Die Entfernung von Christchurch bis McMurdo beträgt 4.200 Kilometer. Für den Materialtransport standen den Amerikanern 12 Schiffe, 30 Flugzeuge und 4.000 Mann zur Verfügung. Zunächst wurde in McMurdo auf dem zugefrorenen Ross-Meer eine Landepiste gebaut, 90 Meter breit und 1.500 Meter lang und mit modernster Radaranlage bestückt. Das Meereis war unter der Piste vier Meter dick. Am 1. Oktober 1956 landete dort das erste Flugzeug, eine Skymaster der US-Navy, dann folgten auch große Globemaster der US-Air Force.

Die argentinische Forschungsstation Esperanza in der Hoffnungs-Bucht.

Von McMurdo aus sollte der Pol „eingenommen" werden. Jetzt tauchte die Frage auf, ob die Schneeverhältnisse am Pol eine Landung und einen sicheren Start zuließen. Zunächst warf man Benzinfässer über dem Südpol ab. Sie verschwanden. Versanken sie im weichen Schnee oder nur im Bodennebel?

Flugkapitän William M.Hawkes kam auf eine simple Idee. Er ließ ein Foto von Scott am Südpol stark vergrößern und maß, wie tief seine Stiefel im Schnee eingesunken waren. Scotts Gewicht war ebenso bekannt wie seine Schuhgröße. Aus diesen Faktoren errechnete Hawkes die Tragfähigkeit der Schneedecke und kam zum Schluß, daß eine Skytrain R-4-D auf dem Pol landen und auch wieder starten könnte.

Am 31. Oktober 1956 kam es zum dritten Polbesuch nach Amundsen und Scott. Die Besatzung der Skytrain bestand aus erfahrenen Spezialisten; Pilot war Lieutenant Comander Conrad S. Shinn, Co-Pilot Captain Hawkes. Außerdem flogen zwei Beobachter mit. Journalisten, Fotografen und Wissenschaftler wurden auf diesem denkwürdigen Flug nicht zugelassen, denn pro Person wären 250 Kilogramm Ausrüstung plus Notproviant für zwei Wochen erforderlich gewesen. Die Skytrain startete in McMurdo um 12.55 Uhr, begleitet von zwei weiteren Flugzeugen: einer Globemaster der US-Air Force, die mit Rettungsmaterial voll beladen war, das im Fall einer Bruchlandung an Fallschirmen abgeworfen werden sollte, und einer viermotorige Skymaster der US-Navy, in der Journalisten und Fotografen aus aller Welt das große Ereignis aus der Luft miterleben und fotografieren konnten. Beide Hilfsflugzeuge sollten die Navigation der Skytrain überwachen. Das Wetter war so klar, daß die Piloten in 1.000 m Höhe eine Sichtweite von 90 km hatten. Die Maschinen folgten der Scott-Route und stiegen über dem Beardmore-Gletscher auf 3.700 Meter Höhe, um dann in direkter Linie zum Pol weiterzufliegen. Hier hatte die Skymaster Motorprobleme und mußte nach McMurdo zurückfliegen. Welche Enttäuschung für die Journalisten!

Über dem Pol flogen beide Flugzeuge ein Quadrat, um die Position nach dem Sonnenstand genau bestimmen zu können. Comander Shinn flog sehr tief, um die Schneedecke zu erkunden, und setzte dann hart auf rauhen Sastrugis auf. Aber er behielt die Skytrain unter Kontrolle. Die Männer öffneten die Flugzeugtür und traten in eine grimmige Kälte von minus 50 Grad. Shinn ließ die Motoren weiter laufen und auch während der Landung ständig überwachen. Mit dem Eispickel schlugen die Männer ein Loch in den Boden und steckten das Sternenbanner hinein. Es wurden Radarreflektoren aufgestellt, um nachfolgenden

Piloten die Navigation zu erleichtern. Nach genau 49 Minuten verließen die Offiziere die blendendweiße eisige Ebene und stiegen in das warme Flugzeug zurück. Comander Shinn gab Gas, aber die Skytrain rührte sich nicht vom Fleck. Ihre Kufen waren festgefroren. Am Rumpf der Maschine waren sogenannte JATO-Startraketen befestigt. Vier JATO-Raketen erzeugen 30 Sekunden lang den Schub eines zusätzlichen Motors. Shinn zündete vier Raketen, das Flugzeug stand weiter still. Weitere vier Raketen wurden gezündet – ohne Erfolg. Erst nach der Zündung der letzten drei Raketen erbebte die Skytrain und löste sich langsam vom Eis, schoß über die unebene Schneefläche und hob ab. Gleich nach dem schwierigen Start wurden die leeren JATO-Raketen abgeworfen und damit das Gewicht der Skytrain um 1.200 Kilogramm erleichtert. Der erste Müll landete am Südpol!

Der Weg war frei, und am 20. November landeten zwei Skytrain am Pol – bei „nur" minus 34 Grad. Bei der zweiten Landung stellten die Amerikaner fest, daß sie beim ersten Flug 15 Kilometer vom Pol entfernt gewesen waren. Diesen Weg legten sie jetzt mit Hundeschlitten zurück und machten es so ein wenig dem Pionier Amundsen gleich. Diesen ersten Flügen folgte eine große Abwurfaktion der US-Air Force, deren Globemaster 750 Tonnen Material zum Pol brachten. Ein Traktor wurde sogar abgeworfen, Bauelemente, Benzinfässer, Öfen, Möbel, Lebensmittel und Funkgeräte.

„Es regnete geradezu Fallschirme", notierte Admiral George J. Dufek. Jetzt konnten 18 Männer am Pol ein Jahr lang überleben. So entstand die Amundsen-Scott-Basis auf 90° Süd, die heute 80 Menschen im Sommer beherbergt und 20 im Winter. In McMurdo leben heute im Sommer circa 1.000 Menschen und im Winter etwa 150.

Das IGY hat die Amerikaner eine viertel Milliarde Dollar gekostet. Von diesem – für damalige Verhältnisse – beachtlichen Betrag entfielen nur zwei Prozent auf die wissenschaftliche Arbeit, und der Rest auf deren Logistik. 18 Männer fanden während des IGY bedauerlicherweise den Tod bei Flugzeugunfällen und Stürzen in Gletscherspalten. Das sowjetische Team hatte zehn in Einzelteile zerlegte Flugzeuge und Hubschrauber mit Frachtschiffen und Eisbrechern in die Antarktis gebracht und baute ihre Station Mirnyj, Pionerskaja und Vostok auf. Was Filchner und Shackleton erträumt hatten, die erste Durchquerung des antarktischen Kontinents vom Weddelmeer über den Pol bis zum Ross-Meer, verwirklichte im Südpolsommer 1957/58 der Engländer Vivian Fuchs. Er brach im November 1957 zusammen mit elf Wissenschaftlern am Weddelmeer auf und fuhr mit 6 Raupenfahrzeugen, einigen Hundeschlitten und 20 Tonnen Material in Richtung Pol.

Die polnische Station Henryk Arctowski.

Zur gleichen Zeit startete Sir Edmund Hillary, der Everest-Erstbesteiger aus Neuseeland, von McMurdo, um dem Engländer mit Traktoren (und Flugzeugunterstützung) entgegenzufahren und Depots anzulegen. Fuchs wollte alle 50 bis 80 Kilometer Eismessungen durchführen, denn bis dahin war immer noch nicht geklärt, ob der Siebte Kontinent eine zusammenhängende Landmasse war oder möglicherweise aus einer Inselgruppe bestand.

Das letzte Depot wurde von Hillary 1.250 km von McMurdo entfernt angelegt. Von dort bis zum Pol waren es noch 800 Kilometer. Hier hatte Hillary seinen Auftrag erfüllt, und eigentlich hätte er umkehren sollen. Aber Hillary war viel früher als geplant an seinem Ziel und sah den Pol in greifbarer Nähe. „... ich hätte mich benehmen können wie ein normaler Expeditionsleiter." Aber in diesem Moment kam der Abenteurer in dem Mann durch, und Hillary beschloß weiterzufahren – und erreichte den Pol lange vor Fuchs.

Am 4. Januar 1958 schrieb die Daily News Chicago: „Sir Edmund Hillary, der Eroberer des Mount Everest, und die zu Tode erschöpften Mitglieder seiner antarktischen Expedition erreichten heute den Südpol. Sie sind die Gewinner des Wettrennens über die Antarktis und die ersten Menschen, die seit 56 Jahren über Land zum Pol vorgestoßen sind.“ Das war typisch Weltpresse, die sich wieder einen Wettlauf zum Pol wünschte – mit einem Sieger und einem Verlierer. In Wahrheit hat es nie einen Wettlauf zwischen Hillary und Fuchs gegeben. Hillary hatte sein Vorhaben in einem persönlichen Funkgespräch mit Fuchs abgestimmt und dessen Segen längst erhalten. Fuchs traf am 20. Januar 1958 am Pol ein und begrüßte seinen Freund Ed aufs herzlichste. Auf dem Weitermarsch nach McMurdo übernahm Hillary Führung und Navigation und lotste Fuchs auf seiner alten Spur sicher zum Ross-Meer, wo die Expedition am 2. März, 99 Tage nach ihrem Start, sicher eintraf.

Die zwölf Nationen auf dem Weißen Kontinent gaben während des IGY und danach ein vorbildliches Beispiel internationaler Verständigung und Zusammenarbeit; das war die Grundlage zum späteren Antarktisvertrag, der den Kontinent bis heute vor nationalen Ansprüchen und der Rohstoffausbeutung schützt.

Weit ist der Weg zurück ins Heimatland!
Wegweiser in der Station Terra Nova.

Im Mai 1958 schlug Präsident Eisenhower einen ersten Antarktispakt vor. Darauf trafen sich Vertreter der zwölf Staaten, die in der Antarktis Forschungsstationen unterhielten, in Washington und unterzeichneten ein Abkommen mit folgenden Zielen:

1. Die Antarktis soll ausschließlich für friedliche Zwecke genutzt werden. Maßnahmen militärischer Natur, wie das Errichten von militärischen Stützpunkten und Befestigungen, die Durchführung von Manövern und das Ausprobieren irgendwelcher Waffen, sind verboten.
2. Freiheit in der wissenschaftlichen Forschung und Zusammenarbeit.
3. Die territorialen Ansprüche verschiedener Nationen in der Antarktis bleiben für die Dauer des Abkommens unentschieden.
4. Verbot von Nuklear-Explosionen und der Ablagerung radioaktiver Abfällen.
5. Schutzunterhaltung der Lebewesen.

Am Unternehmen „Deep Freeze“ nahm auch einer der ersten tapferen Pioniere teil, Sir Raymond Priestley, der bereits 1908 mit Shackleton und 1910 mit Captain Scott in der Antarktis gewesen war. Priestley war erstaunt und schrieb: „Was mich am meisten verblüffte, als ich nach 50 Jahren wieder den Boden des Weißen Kontinents betrat, waren die unzähligen Motorfahrzeuge, die dem antarktischen Schauplatz ein völlig verändertes Gesicht gaben. Überall standen Bulldozer, Traktoren, Raupenfahrzeuge aller Art im Einsatz, und was sie leisten, muß man mit eigenen Augen gesehen haben, um es glauben zu können. Unser altes Hauptquartier Hut Point am McMurdo Sound war kaum mehr zu erkennen, so hatten die Bulldozer die Landschaft umgestaltet.“

Zusammen mit unserem Expeditionsleiter Gerald beende ich unseren Stationsbesuch auf „Terra Nova“ mit einem kurzen Hubschrauberrundflug über die Bucht. Aus luftiger Höhe sehen wir das unglaubliche Nebeneinander von modernster Technik und den wilden, noch fast unberührten Eiswüsten dieses großartigen Kontinents. Unser stolzes Schiff, die „Bremen“, gehört wie die Station „Terra Nova“, zur modernen Technik, die es dem Wissenschaftler und Touristen ermöglicht, in diese Welt aus Eis, Sonne und Schneestürmen zu fahren und, von Komfort und Luxus umgeben, zu überleben.

Kurz vor Mitternacht nimmt die „Bremen“ Kurs auf Cape Adare. Es ist spät geworden, und da wir den ganzen Tag an Deck oder an Land in der Sonne der Antarktis verbrachten, überfällt uns eine gewisse Müdigkeit. Trotzdem sucht niemand seine Kabine auf, denn „Antarctica“ verabschiedet sich in dieser Nacht mit Märchenbildern. Wir durchpflügen unter der Mitternachtssonne einen Packeisgürtel, der die Farbe zerquetschter Blaubeeren angenommen hat. Über den goldenen Gletschern steht der volle Mond wie eine reife Orange. Die Farben sind so unwirklich, daß wir ständig zwischen der Bar, in der es

heißen Kakao gibt, und dem Achterdeck pendeln und einen Film nach dem anderen belichten. Was in unseren Breiten ein Sonnenuntergang ist, wird hier zum Dauerzustand einer langen Nacht. Die Berührung des Schiffes mit dem Eis in glühenden Farben erlebe ich mit staunenden Augen und offenen Ohren, und es gibt mir das Gefühl, als wolle mich dieses kalte und doch so schöne Land festhalten. Das hat „Antarctica" längst getan, seit meiner ersten Berührung mit dem Kontinent auf der argentinischen Station Marambio. Was wir alle mit nach Norden nehmen, ist so einfach und kompliziert zugleich: Nämlich Staunen, Ehrfurcht, Achtung und Respekt!
Die letzten Tage einer langen Reise waren gekommen, die Nächte wurden wieder dunkel, und in der warmen Luft lag der Duft von Pflanzen und Erde. Nach weiteren Zwischenstationen auf Campbell Island und Auckland Island legte die „Bremen" am 11. Februar in Bluff an der Südspitze von Neuseeland an. Die „Bremen" hatte seit ihrem Start in Argentinien etwa 7.000 Seemeilen zurückgelegt. Für das Schiff war es die zweite Circum-Navigation in der Antarktis, für Kapitän Heinz Aye die sechste.

Die amerikanische Basis McMurdo ist zur größten Stadt in der Antarktis geworden.

Meine Frau Renate und ich liefen von Bluff aus einen ganzen Tag durch Wälder und grüne Wiesen und genossen dabei den warmen Sommerregen. – Elemente unserer Welt, die wir so lange nicht mehr erfahren hatten.

Amerikanischer Helikopter in der italienischen Station Terra Nova. Im Vordergrund die Tankstelle.

POLAR STAR
6571
U.S. COAST GUARD
RESCUE
BELFORT

Für wissenschaftliche Entdeckungen gebt mir Scott,
für schnelles und erfolgreiches Reisen gebt mir Amundsen; aber wenn uns das Unglück trifft und alle Hoffnungen schwinden,
dann fallt auf Eure Knie und betet um Shackleton."
Sir Edmund Hillary

DER KONGRESS DER PINGUINE

Die „Hanseatic" nahm Kurs auf Südgeorgien, genauer gesagt, auf Grytviken, wo wir Weihnachten feiern wollten. Zwei Assoziationen verbinden sich mit der Stadt Grytviken: der Walfang früherer Jahre und der Name Shackleton, der hier auf dem kleinen Walfängerfriedhof in Grytviken liegt. Südgeorgien gehört zu den schönsten subantarktischen Inseln zwischen dem südamerikanischen Festland und dem antarktischen Kontinent und beherbergt noch heute die größten Kolonien von Königspinguinen und See-Elefanten, aber auch die rostigen Andenken an das große Wal-, Robben- und Pinguin-Morden in der ersten Hälfte unseres Jahrhunderts.

Grytviken wurde als Walfangstation von Kapitän Carl Anton Larsen im Jahr 1904 gegründet und ist heute eine Geisterstadt mit blutigen Erinnerungen. Hier wurden 15 Millionen Hektoliter Walöl gewonnen. Hier starben über 175.000 Wale, um die Profitgier von Engländern, Norwegern, Polen, Amerikanern und anderen Nationen zu befriedigen.

Während der Wende vom 18. zum 19. Jahrhundert wurden vor den Küsten der Antarktis nach Schätzungen 3,5 Millionen Robbenfelle erbeutet, Anfang des 20. Jahrhunderts wurden in Grytviken in der ersten Saison 149 Buckel-, 11 Blau- und 16 Seiwale getötet und verarbeitet, nur zehn Jahre später waren es 1.716 Fin-, 940 Blau- und 512 Buckelwale in einer einzigen Saison. In der Anfangszeit von 1904 bis 1917 wurden es 175.250 Wale. Aus ihnen wurde Fleisch, Öl und Fett gewonnen, und durch die Hydrierung des Walöls konnte Nitroglyzerin für Bomben und Granaten der beiden Weltkriege hergestellt werden. Anfang der siebziger Jahre waren Wale und See-Elefanten so stark reduziert, daß sich Stationen wie Grytviken „nicht mehr rechneten". Sie blieben als Geisterstädte zurück und verrosteten. Die Geisterstadt ist ein unheimliches Museum geworden. Da stehen die Öfen der Trankocher, die Winden, mit denen die Fleischkolosse an Land gezogen wurden, und die Unterkünfte der 200 Männer und Frauen, die hier arbeiteten und töteten, und eine kleine Kirche, die wieder in Stand gesetzt wurde. Und in eben dieser Walfängerkirche wollten wir Weihnachten feiern. Vor Jahren war ich am Heiligen Abend mit der „World Discoverer" dort, und Kapitän Heinz Aye las das Weihnachtsevangelium vor, während der Bordchor Weihnachtslieder aus den Philippinen sang. Jetzt las Hartvig von Harling, Kapitän der „Hanseatic", die Geschichte von Christi Geburt vor. Ich zögerte, mit den vielen Besuchern in die übervolle Kirche zu gehen. Da hörte ich die Stimme meines Freundes Wolfgang hinter mir: „Komm, laß uns diese Nacht zu Shackleton gehen. Da sind wir sicherlich alleine!"

Dr. Wolfgang Fischer aus Hamburg ist Meeresbiologe und einer der Greenpeace-Urgroßväter. Auf vielen Reisen haben wir als Lektoren an Bord von Kreuzfahrtschiffen zusammengearbeitet, und daraus ist eine echte Freundschaft entstanden. Die Nacht war dunkel, und wir stolperten durch die verlassene Station, der Wind bewegte zerfallene Blechdächer und halbverrottete Türen. In das ächzende Geräusch der Blechdächer und Türen mischte sich das Rülpsen und Prusten der See-Elefanten. Bald hatten wir die Station hinter uns gelassen, und der Mond trat zwischen zwei Wolkenbänken hervor. Leise schlugen die zarten Wellen an das bleich erleuchtete Ufer, und wir erkannten die dunklen Silhouetten von

Hunderten von Königspinguinen, die vor uns klagend zurückwichen. Klagend oder anklagend? Ich werde ihre heiseren Rufe an diesem Heiligabend nie vergessen. Wir hörten den Glockenklang von der Kirche – leise, im Hintergrund, und die Pinguine. Sie standen nicht weit von uns in dichten Gruppen und schienen zu diskutieren, wie auf einem Kongreß, oder klagten sie an? „Der Kongreß der Pinguine", sagte ich langsam. „Erinnere dich an den Kongreß, an die Szene in Grytviken: 'Auf einmal fühlte ich mich wie ein Wal, der langsam über diese Rampe hochgeschleift wurde. Ein Haken steckte in meinem Rücken, meine Eingeweide waren zertrümmert, wie von weit weg hörte ich noch das Rasseln der Ketten, den Lärm der Maschinen. Ich wollte schreien, aber ich brachte keinen Ton heraus. Der Ort kam mir plötzlich bekannt vor. Ich wußte alles. Ich hatte hier gearbeitet. Ich war ein alter Flenser. Oder ein Trankocher, ja ein Trankocher. Ich wußte genau, womit wir diese Öfen heizten, wenn die Kohle knapp war und das nächste Schiff noch nicht in Sicht. Mit Pinguinen, deren Fettschicht ausgezeichnet brannte. Und wenn es zu mühsam war, sie erst zu töten, sie waren nämlich zäh, die Biester, wenn es zu mühsam war, sie erst zu töten, dann warfen wir sie bei lebendigem Leibe ins Feuer. Ich höre das Gekreisch noch heute!'" (Originaltext aus dem Film „Der Kongreß der Pinguine", den Hans Ulrich Schlumpf als Mahnung an die Gier der Menschen und ihre Mißachtung der Natur gedreht hat).

„Ja", antwortete Wolfgang „der Kongreß ist ein guter Film, aber ein Film ohne Ende, der Film gibt keine Antwort auf die Frage, wie es weitergehen soll. Er klagt nur an. Damals sicher zurecht. Doch heute ist das schon anders. Viele Staaten investieren Millionen in die Forschung, um Pinguine, Wale und Robben zu schützen. Wir haben längst mit den Tieren Frieden geschlossen – und das sollten sie auch mit uns tun. Schau sie dir an, da stehen sie – meinetwegen ist es der Kongreß – und klagen. Aber im nächsten Jahr wird die Gruppe größer sein, und im übernächsten noch größer. Der Kongreß hat sich überholt – oder: wir haben ihn erhört."

Wir waren es doch nicht, wir haben die Pinguine nicht lebendig in die Öfen geworfen. Nein, wir waren es nicht, aber wir Menschen waren es. „Vergiß den Kongreß", wiederholte mein Freund, „die Bestände erholen sich – der Blauwal vermutlich nie mehr - und freu' dich, daß es wieder lebende Tiere in Massen in der Antarktis gibt. Denk' an den „Boß", er gehörte zu einer anderen Sorte von Menschen. Das Leben seiner Männer war ihm wichtiger als Profit, Ruhm und Ehre. Gut, daß er in dieser Nacht mit uns zusammen ist. Prost Shackleton!"

Shackleton hat wirklich in der Antarktis so Unglaubliches geleistet, daß man sich die Geschichte immer wieder vor Augen führen muß. Besonders an so einem Ort, an seinem Grab.

Shackleton, der „Boß", wie ihn seine Gefährten voll Anerkennung nannten, blieb auch nach seinen Abenteuern und Entdeckungen im Süden ein ruheloser Mann, der die Frage klären wollte, ob Cook tatsächlich vor Peary, dem er nicht glaubte, am Nordpol gewesen war. Cooks Beweise, sein Logbuch, lagen angeblich in der kleinen Eskimosiedlung Etah hoch oben im Norden Grönlands. Shackleton wollte sie suchen, und Kanada sagte ihm dafür finanzielle Unterstützung zu. Er kaufte das nur 125 Tonnen große norwegische Holzschiff „Quest" und hatte schnell eine Mannschaft aus alten Freunden beisammen, die für ihren „Boß" weder den Teufel noch die Kälte fürchteten. Die Männer waren schon startklar, da sagte Kanada die versprochenen Geldmittel aus Budgetgründen ab. Shackletons Nordpolunternehmen brach zusammen, bevor es begonnen hatte. Also arbeitete er als Ersatz Pläne für eine kleinere Expedition an den Rand der Antarktis aus. Am 21. September 1921 verließ die „Quest" England; der erste Offizier an Bord war Frank Wild, der schon alle früheren Shackleton-Expeditionen begleitet hatte. Für viele seiner Freunde war Shackleton der eigentliche Held der klassischen Antarktisreisen. Hatte nicht er den Weg zum Pol-Plateau gefunden und die Route zum Pol, selbst wenn er das große Endziel nicht erreicht hatte? Am 4. Januar 1922 erreichte die „Quest" die Walfängerstation Grytviken in Südgeorgien. „Morgen wollen wir ordentlich Weihnachten feiern", sagte Shackleton zu Wild. Aber aus dem frohen Weihnachtsfest wurde nichts. Wild legte sich früh schlafen, mitten in der Nacht – um 3 Uhr – drangen die beiden Ärzte Macklin und McIlroy in seine Kabine: „Wir bringen eine böse Nachricht, die schlimmste, die sich denken läßt. Der „Boß" ist tot!

Nach schlaflosen unruhigen Stunden hatte Shackleton sich ein Schlafmittel geben lassen. Um 2.50 Uhr starb Sir Ernest Shackleton an Herzversagen in Grytviken, am 5. Januar 1922. Sein unermüdlicher Einsatz für seine Gefährten wird besonders bei der Endurance-Expedition deutlich.

Wenige Wochen vor dem Ausbruch des ersten Weltkrieges verließ Shackleton England mit seinem Schiff „Endurance". Shackleton hörte vom Kriegsausbruch und wollte auf der Stelle umkehren, um sich als Offizier zum Frontdienst zu melden. Aber der damalige Marineminister Winston Churchill funkte der „Endurance": „Weitermachen!" Kurz vor Erreichen des Festlandes wurde die „Endurance" vom Packeis in die Zange genommen und vor den Augen der entsetzten Männer zerdrückt wie eine Walnuß vom Nußknacker. In dieser Situation hatte der australische Fotograf und Kameramann Frank Hurley so starke Nerven, daß er das Zerquetschen des Schiffes – über das Brechen und Bersten der Masten bis zum totalen Untergang – in allen Details in einem dramatischen Dokumentarfilm festgehalten hat. Von 500 Fotoplatten, die unwiederbringliche Dokumente waren, konnte er nur 120 retten, die anderen mußten zurückbleiben. Alle Teilnehmer der Shackleton-Expedition hatten den Untergang überlebt. In Windeseile schleppten die Männer soviel Ausrüstung wie möglich auf die treibenden Schollen: Rettungsboote, Zelte, Proviant, Waffen und warme Kleidung. Neben ihrer versunkenen „Endurance" schlugen die Männer ihre Lager auf und trieben auf der Scholle fünf Monate lang (!) mit der Ostströmung durch das eisige Polarmeer. Sie verstauten schließlich ihre Habseligkeiten in die Rettungsboote und zogen verzweifelt weiter über die „fahrende Scholle", bis sie eines Tages offenes Wasser mit viel Treibeis erreichten. Shackleton ließ die Boote zu Wasser bringen – ihr Ziel war die Insel Deception. Dort lebten Walfänger, dort gab es Rettung. Die Boote wurden abgetrieben und landeten nach fürchterlichen Wochen auf Elephant Island. Keine Menschenseele gab es auf der Insel, keine Rettung also. Aber da waren Pinguine, und von ihnen konnte man leben. Obwohl geschwächt von den unglaublichen Qualen und Strapazen der letzten Monate, bestieg der „Boß" mit fünf seiner besten Männer ein Rettungsboot und ruderte und segelte in knapp drei Wochen bis Südgeorgien. Aber das unglaubliche Drama war noch immer nicht zu Ende. Shackleton und seine Männer landeten an der Westküste Südgeorgiens; die rettenden Walstationen lagen aber an der Ostseite, und dazwischen türmte sich ein noch nie bestiegenes Gebirge mit furchtbaren Gletscherbrüchen und eisigen Hochplateaus auf. Drei seiner Männer gaben auf, sie konnten einfach nicht mehr weiter. Shackleton ließ sie mit dem Rest an Proviant in einer Felshöhle zurück und zog mit den restlichen beiden Begleitern weiter. Shackleton sagte seinen Männern: „Wir gehen ohne Pause bis zum Ziel – oder in den Tod! Ausruhen bedeutet sterben, und dafür sind wir nicht hierher gerudert!" Sie gingen, rutschten, kletterten und stolperten fast 37 Stunden lang ohne Pause und erreichten halbtot Stromness. Nie vorher hatten Alpinisten dieses schwere Bergmassiv überquert. Wenige Kilometer vor Stromness blieben Shackletons Begleiter Wortley und Crean einfach liegen; sie waren am Ende ihrer Kräfte. Nicht so Shackleton! Er stolperte weiter bis in das erste erleuchtete Haus, stieß mit den Stiefeln die Tür auf und stürzte zu Boden. Wenige Minuten später war eine Hilfsmannschaft bei Wortley und Crean. Am nächsten Morgen startete ein Rettungsboot zur Westküste, um die drei „Höhlenmenschen" zu bergen, und dann gelang Ernest Shackleton nach drei vergeblichen Versuchen die Fahrt durch das immer dichter werdende Packeis zurück nach Elephant-Island, nach Point Wild. Alle Männer der Endurance-Expedition wurden dort gerettet.

Der Fotograf Hurley (l) mit Ernest Shackleton auf einer Eisscholle.

Der Mond war verschwunden und die Nacht wurde stockfinster. Es blieb nur das heisere Geschrei der Königs-Pinguine, die darauf warteten, daß auch wir gingen.

To the dear Memory of
ERNEST HENRY SHACKLETON
EXPLORER
Born
15TH Feb. 1874
Entered Life Eternal
5TH Jan. 1922

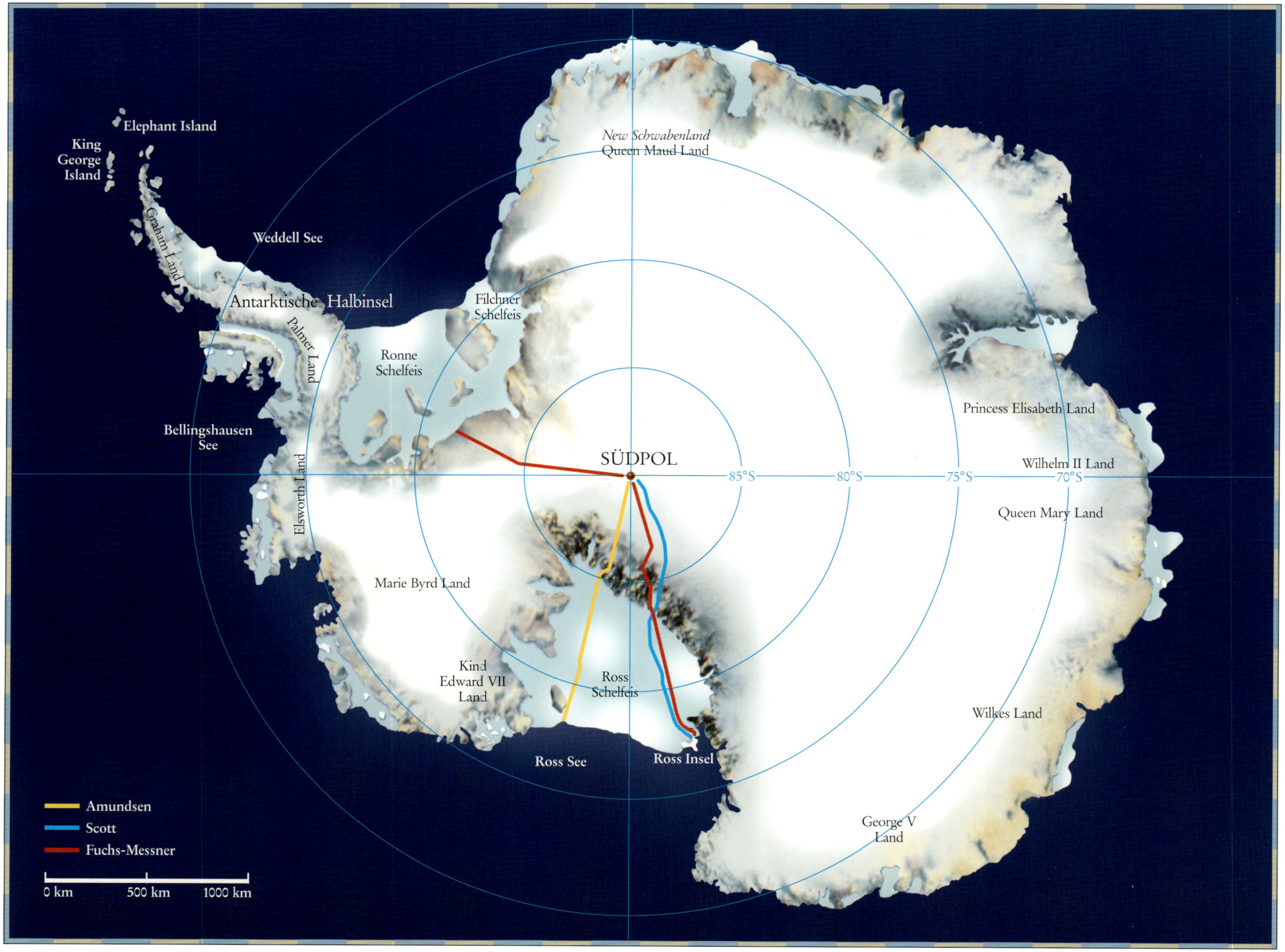
Elephant Island
King George Island
Graham Land
Weddell See
Antarktische Halbinsel
Palmer Land
New Schwabenland
Queen Maud Land
Filchner Schelfeis
Ronne Schelfeis
Bellingshausen See
Elsworth Land
SÜDPOL
85°S
80°S
75°S
70°S
Princess Elisabeth Land
Wilhelm II Land
Queen Mary Land
Marie Byrd Land
King Edward VII Land
Ross Schelfeis
Ross See
Ross Insel
Wilkes Land
George V Land
Amundsen
Scott
Fuchs-Messner
0 km
500 km
1000 km

Die Shackelton Expedition 1914-1916

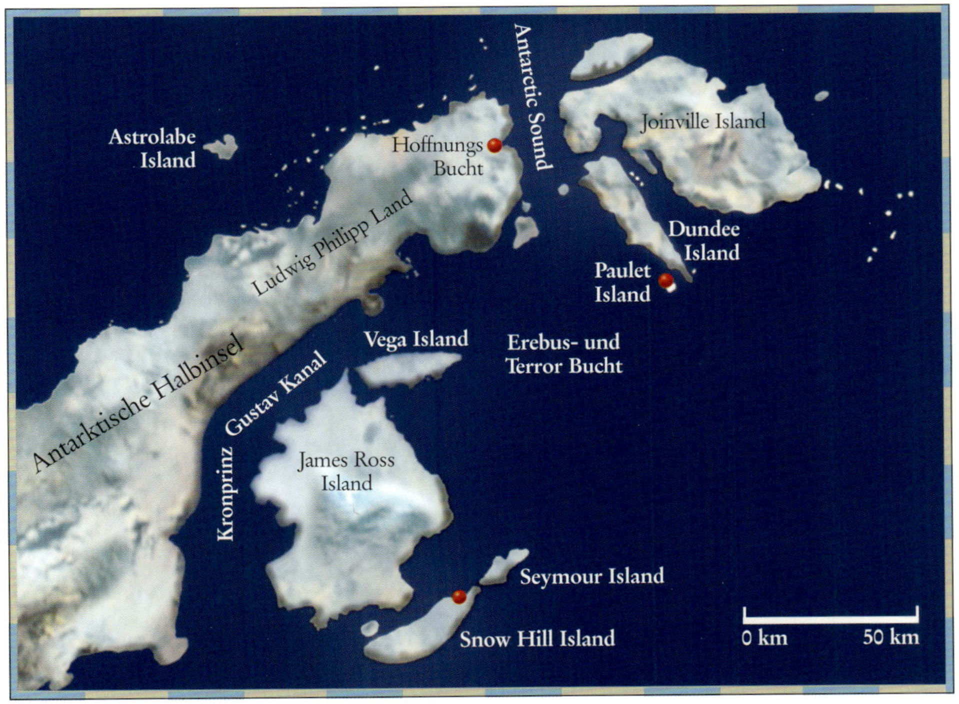

Drei Hütten auf der Halbinsel

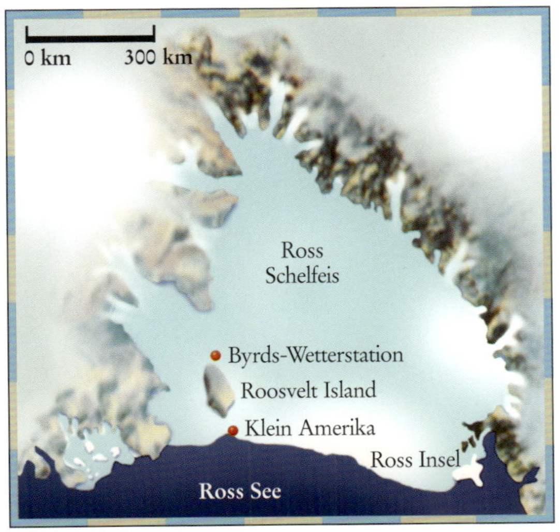

Richard E. Byrd und das Ross-Eis-Schelf

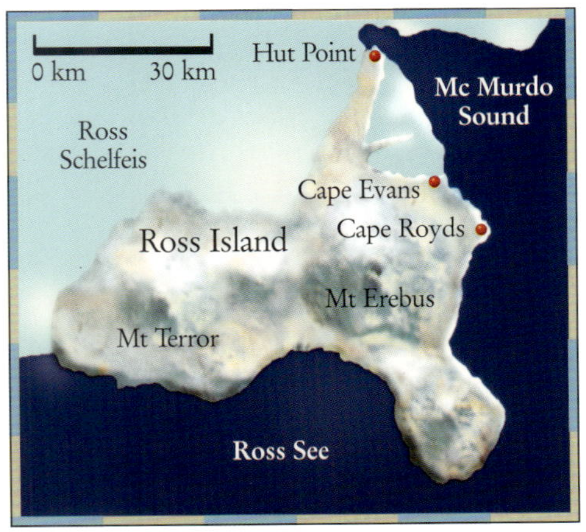

Drei Hütten auf der Ross Insel

DANKSAGUNG

Ein Autor ist ohne fremde Hilfe oft verloren;
daher möchte ich an dieser Stelle Dank sagen.
Die Kapitäne Heinz Aye und Hartvig von Harling waren mir auf vielen Antarktis-Reisen ganz besonders behilflich. Immer wenn ich für meine fotografische Arbeit Wünsche hatte, kooperierten sie großartig mit mir. Dafür danke ich besonders.
Peter Richters verdanke ich großartige Zodiacfahrten durch die Paradies-Bucht und den Lemaire-Kanal.
Die Cruise-Direktoren Peter Hagmann, Werner Stambach und Gunter Schütze hatten für meine fotografische Arbeit ebenso Verständnis wie die Expeditionsleiter und die Passagiere. Ihnen allen bin ich zu großem Dank verpflichtet.
Meine Frau Renate war mir nicht nur innerer Beistand und treue Begleiterin, sondern hat unterwegs unermüdlich Kamerakoffer und Stative geschleppt, ist mit mir bei Wind und Wetter im Schlauchboot unterwegs gewesen und hat das Manuskript fleißig in ihren Computer getippt. Ohne ihre aktive Mithilfe wäre dieses Buch nur halb so gut geworden. Ich danke ihr dafür.
Ich danke auch Hanseatic-Tours und ihrem Chef Dirk Moldenhauer, daß in Hamburg so großartige Reisen konzipiert und durchgeführt werden.

ZUR FOTOGRAFIE

Ich verwende für meine Aufnahmen die Rolleiflex 6008 aus Braunschweig mit Objektiven von Schneider-Kreuznach und Carl Zeiss, sowie die Linhof-Technorama 617 S, immer geladen mit Kodak Ektachrome EPR Film, der die Farben so zeigt, wie sie tatsächlich sind und an Schärfe von keinem anderen Film übertroffen wird. Beide Kameras stellen mit ihren Objektiven feinmechanische, elektronische und optische Spitzenprodukte deutscher Qualität dar und arbeiten unter arktischen Verhältnissen genauso zuverlässig wie in tropischen Feuchtgebieten oder im Glutofen Sahara. Wenn es möglich ist, fotografiere ich vom Stativ aus. Dafür benutze ich Holzstative von Berlebach. Holzstative sind erschütterungsfreier als Metallstative und in kalten Ländern leichter zu handhaben.

LITERATUR

Amundsen, Roald
Mein Leben als Entdecker
E.P.Tal & Co Verlag, Leipzig, 1929

Amundsen, Roald
Die Eroberung des Südpols, Band 1 und Band 2
J.F. Lehmann's Verlag, München, 1912

Byrd, Richard Evelyn
Allein
Brockhaus, Leipzig, 1939

De Roy, Tui und andere
Die Antarktis lebt
Frederking & Thaler, München, 1991

Etienne, Jean-Louis
Transantarctica
Frederking & Thaler, München, 1992

Förster, Hans Albert
Der Hohe Pol
Brockhaus, Leipzig, 1956

Fuchs, Arved
Von Pol zu Pol
Kiepenheuer & Witsch, Köln, 1990

Fuchs/Hillary
Quer über den Südpol
Ullstein, Berlin, 1958

Houben, H.H.
Sturm auf den Südpol
Ullstein, Berlin, 1934

Huntford, Roland
Scott und Amundsen
Athenäum Verlag, Königstein, 1980

Laws, Richard
Antarktis
Bastei Lübbe, Bergisch Gladbach, 1990

Mawson, Douglas
Leben und Tod am Südpol, Band 1 und Band 2
Brockhaus, Leipzig, 1921

May, John
Antarktis
Ravensburger Buchverlag, Ravensburg, 1988

Messner, Reinhold
Antarktis – Himmel und Hölle zugleich –
Piper, München, 1990

Messner, Reinhold
Nie zurück
BLV, München, 1997

Nordenskjöld, Otto
„Antarctic" Band 1 und Band 2
Dietrich Reimer Verlag, Berlin, 1904

Porter, Eliot
Die Antarktis
Christian Verlag, München, 1979

Quartermain, L.B.
Two Huts in the „Antarctic"
„Antarctic" Division New Zealand
Department of Sientific
and Industrial Research, 1963

Reinke-Kunze, Christine
Antarktis
Westermann, Braunschweig, 1992

Reinke-Kunze, Christine
Antarktis, Maritimer Reiseführer
Koehler, Hamburg, 1997

Reinke-Kunze, Christine
Aufbruch in die Weiße Wildnis
Kabel, Hamburg, 1992

Reinke-Kunze, Christine
Entdeckungsfahrten in die Polarregionen Antarktis
Köhler Verlag, Hamburg, 1996

Reinke-Kunze, Christine
Pinguine
Westermann, Braunschweig, 1993

Schmidt, Sabine
Das bedrohte Paradies
Piper, München, 1995

Schulthess Emil
„Antarctica"
Artemis Verlag, Zürich, 1960

Scott, Robert Falcon
Kapitän Scott Letzte Fahrt, Band 1 und Band 2
Brockhaus, Leipzig, 1913

Shackleton, Ernest Henri
21 Meilen vom Südpol
Verlag Wilhelm von Süsserot, Berlin

Stonehouse, Bernard
Tiere der Antarktis
Kümmerly+Frey, Bern, 1972

Weyer, Helfried
Argentinien
Umschau Verlag, Frankfurt, 1990

Weyer, Helfried
Kreuzfahrt hinter den Horizont
Umschau Verlag, Frankfurt, 1991

Zweig, Stefan
Sternstunden der Menschheit
Fischer Verlag, Frankfurt, 1990

Die Zitate vor den einzelnen Kapiteln sind folgenden Quellen entnommen:

Zitatensammlung Helfried Weyer

Nordenskjöld, Otto
„Antarctic"
Dietrich Reimer Verlag, Berlin

Reinke-Kunze, Christine
Entdeckungsfahrten in die Polarregionen
Antarktis, Köhler Verlag, Hamburg

Byrd, Richard Evelyn
Allein
Brockhaus, Leipzig, 1939

Scott, Robert Falcon
Kapitän Scott Letzte Fahrt
Brockhaus, Leipzig, 1913

Zweig, Stefan
Sternstunden der Menschheit
Fischer Verlag, Frankfurt, 1990

Schultess, Emil
Antarctica
Artemis Verlag, Zürich, 1960

Filchner, Wilhelm
Ein Forscherleben
Brockhaus, Wiesbaden, 1951

Etienne, Jean-Louis
Transantarctica
Frederking & Thaler, München, 1992

Weitere Bildbände aus dem Tecklenborg Verlag

Norbert Rosing
DEUTSCHE NATIONALPARKS
200 Seiten, 240 Abbildungen
Gebunden, 24 x 30 cm
DM 88,–
ISBN 3-924044-29-5

Die deutschen Nationalparks:
Bizarre Felsformationen, sanft geschwungene Dünen – bedrohte Tiere, seltene Pflanzen. In diesem beeindruckenden Bildband werden die deutschen Nationalparks in Text und Bild umfangreich dokumentiert.
Mit dem Auge der Kamera führt uns der Naturfotograf Norbert Rosing durch die vielfältigen und einmaligen Lebensräume unserer heimischen Nationalparks.
Mit Aufnahmen von bestechender Qualität gewährt er uns Einblicke in die Schönheit einer von Menschen unberührten Natur. Neben der großen Bildauswahl informiert das Buch ebenfalls sachlich über die Besonderheiten der Tier- und Pflanzenwelt.

Gogol Lobmayr
FASZINATION NATUR
Die schönsten Landschaften der Erde
184 Seiten, 174 Abbildungen
Gebunden, 31 x 24 cm
DM 88,–
ISBN 3-924044-27-9

Von der Südsee bis in die Antarktis, von Patagonien bis ins tiefe Afrika. Bizarre Felstürme und sanft geschwungene Dünen – tosende Wasser, silberblaue Eisberge. Fünf Jahre reiste der Filmemacher Gogol Lobmayr und sein Team aus mehreren Fotografen rund um den Globus und zeigt uns nun mit kraftvollen Bildern einige der schönsten Landschaften dieser Erde. Eine faszinierende Natur voller Wunder, wie wir sie noch nie gesehen haben und vielleicht auch nie mehr erleben werden.
Schon seit Monaten ist der gleichnamige Film ein Insider-Tip nicht nur für Cineasten. Der jetzt vorliegende, großformatige Bildband gewährt Einblicke in eine Welt aus Licht und Farbe – Ein Erlebnis für die Sinne, ein Buch zum Meditieren.

Klaus Nigge / GDT
NATUR BILDER
25 Jahre Gesellschaft
Deutscher Tierfotografen e.V.
224 Seiten, 300 Abbildungen
Gebunden, 24 x 30 cm
DM 112,–
ISBN 3-924044-20-1

Die Gesellschaft Deutscher Tierfotografen e.V. präsentiert erstmals seit ihrem Bestehen mit diesem Bildband die besten Fotografien, die von den Meisterfotografen der GDT mit der Kamera eingefangen wurden. Folgen Sie auf über 200 Seiten den Unermüdlichen auf ihren Reisen in die Stille der unendlichen Arktis, in das ewige Grün der Urwälder, in die weiten Tundren des hohen Nordens und des Ostens oder einfach in den heimischen Garten.
In dieser Galerie beeindruckender Fotos erfährt der Leser auch etwas über technische Mittel und Hintergründe der Fotografien. In erster Linie aber ist das Werk ein echter Augenschmaus für jeden, der die Schönheit und stille Vollkommenheit der Natur erleben möchte.

Norbert Rosing
Polarbären
Im Reich des Polarbären
176 Seiten, 192 Abbildungen
Gebunden, 31 x 24 cm
DM 88,–
ISBN 3-924044-13-9

Norbert Rosing reiste als Naturfotograf seit 1988 viele Male an die Küste der Hudson Bay in Kanada, um den Eisbären in seiner natürlichen Umwelt zu fotografieren. So darf sich der Betrachter dieses Buches auf eine faszinierende Welt freuen. Begleiten Sie Norbert Rosing durch die vier Jahreszeiten der Arktis. Lernen Sie das Leben und Wesen des Polarbären und die ihn umgebende Pflanzen- und Tierwelt kennen. Lassen Sie sich von den unendlichen Eisflächen, dem Erblühen des kargen Tundrabodens und von Polarlichtern in Erstaunen versetzen. Kurzweilige Erzählungen entführen den Leser zusätzlich hautnah ins Geschehen.